Ulrike Hinrichs

Gymnastik für die Seele

Ulrike Hinrichs

Gymnastik für die Seele

Mit Pinsel und Farbe zu mehr Selbstmitgefühl

Impressum
Originalauflage 2024

Umschlaggestaltung: Yvonne Lautenschläger, www.medeas.space
Layout und Satz: Die BUCHPROFIS, München
Gesetzt aus der Frutiger und der Sabon
Druck und Vertrieb im Auftrag der Autorin:
Buchschmiede von Dataform Media GmbH, Wien
Printed in Austria

ISBN Softcover: 978-3-99165-010-2
ISBN E-Book: 978-3-99165-009-6

Inhaltsverzeichnis

Die im Inhaltsverzeichnis kursiv gedruckten Überschriften beziehen sich auf deine Praxisübungen. Sie sind im Text mit dem kleinen Buddha gekennzeichnet, damit du sie mühelos finden kannst.

Postkarte an meine Krankheit – Bild einer Klientin

Einleitung

> *»Jesus war ein Mensch, Hitler auch. Wir können edel und narzisstisch, großzügig und völkermörderisch, brillant in unserer Genialität und einfältig in unserer Dummheit sein. Wir tragen, so hat es den Anschein, alles in uns. Wo also sollte man anfangen?«*
>
> Dr. Gabor Maté in seinem Buch *Vom Mythos des Normalen*[1]

Willkommen auf deinem Weg zu mehr Selbstmitgefühl und Selbstliebe. Bist du bereit, dich mit all deinen Macken, deinen dunklen Seiten, deinen Leiden und den belastenden Erfahrungen, deiner Ursprungsfamilie, deinem Körper, deiner Lebenssituation, deinen Rollen und Erwartungen anzunehmen? Das ist der Preis, den du zahlst, wenn du dich selbst liebst. Alles bleibt bei dir, nichts davon kannst du ablegen, abgeben oder loswerden. Dafür triffst du auf den wichtigsten Menschen, den du kennst, nämlich dich. Zur Selbstliebe gehört, dass du für dich einstehst. Je mehr du für dich sorgst, desto mehr Leute werden dich nicht mögen. Denn du wirst es nicht mehr allen recht machen können. Du wirst Grenzen setzen. Was du dafür bekommst, ist Liebe zu dir selbst.

»Was wir Persönlichkeit bezeichnen, ist oft eine Mischung aus echten Eigenschaften und konditionierten Bewältigungsformen, darunter solche, die gar nicht unser wahres Selbst widerspiegeln, sondern dessen Verlust«, so Dr. med. Gabor Maté.[2] Ich möchte mit dir dein wahres Selbst wachkitzeln und den Seelenpfad erkunden, der dich zu deinem inneren Kern führt. Was steht noch im Weg, um in Schönheit zu wandeln und zu heilen? Doris Dörrie hat dazu die wunderbare Frage formuliert: Wer bist du, wenn dich keiner sieht?[3] Der Antwort wollen wir auf den Grund gehen.

Ich empfehle dir, das Buch zu entdecken. Du darfst dich überraschen lassen, wo es dich intuitiv hinzieht. Streife durch das Inhaltsverzeichnis und schau, was dich besonders anspricht. Blättere durch die Seiten und staune, an welcher Stelle du zufällig hängen bleibst. Wenn du magst, dann kannst

1 Maté (2023, S. 147).
2 Maté (2023, S. 474).
3 Dörrie (2019).

du dich auch einfach nur mit kindlicher Neugier von den farbigen Bildern leiten lassen. Du darfst darauf vertrauen, dass das richtige Thema dort auf dich wartet. Nimm dir nur das heraus, was du gebrauchen kannst.
Du bekommst inhaltliches Futter fürs Gehirn und Impulse zum Ausprobieren. Auf dem Weg zu mehr Selbstmitgefühl liefere ich dir im ersten Teil des Buches einige Hintergrundinformationen. Denn wenn wir etwas verstehen und nachvollziehen, dann können wir es einfacher umsetzen. Jedes Kapitel bietet dir eine Gelegenheit, dich und dein Selbstmitgefühl näher kennenzulernen und mit der Seelengymnastik praktisch zu vertiefen. Zu den Übungen liefere ich dir impulsgebende Fragen, die du beantworten kannst. In der Kreativapotheke im zweiten Teil des Buches findest du viele verschiedene Ideen, die du künstlerisch umsetzen kannst. Die Kunst als Ausdrucksform ist eine wunderbare Übungsplattform, um zu dir selbst zu reisen. Du kannst rumkleckern, vermeintliche Fehler machen oder am besten absichtlich welche einbauen, du kannst dich ausdrücken, so wie du es willst, kannst zeigen, was in dir steckt. Ich gebe dir Impulse, wie du deine Kraftquellen stärkst, dich aus der Opferrolle befreist und dich annimmst, wie du bist. Bilder sind ein Weg, über den die Seele mit dir kommuniziert. Über unsere Bilder haben wir Zugang zu einem größeren, verborgenen Wissen. Im schöpferischen Prozess des Malens tauchen wir ein in eine magische Dimension. Es ist das Wissen unseres Unbewussten, das mit allem vernetzt ist. Kunst ist kosmische Kommunikation.

Du bist ein Wunder.

Choose Happiness
Leg dich in die Hängematte des Lebens

Ich will Schokolade – Bild von Melek aus dem Kinderatelier

1. Ich will Schokolade

Schokolade macht glücklich. Ein Grund sind die Inhaltsstoffe des Kakaos, vor allem die Aminosäure Tryptophan, durch die der Körper das Glückshormon Serotonin ausbildet. Die stimmungsaufhellende Wirkung finden wir daher besonders in der bitteren schwarzen Schokolade.[4] Mit dem Selbstmitgefühl verhält es sich ähnlich. Du musst dich in deiner inneren Dunkelheit gut auskennen, um die fürsorgliche und wohltuende Wirkung des Selbstmitgefühls zu erwecken. Wenn du alte Muster verlassen willst, gilt es überholte Glaubenssätze aufzustöbern und über Bord zu werfen. Vor allem aber werden sich die Dämonen und Untoten aus deiner Schattenwelt melden. Ihnen habe ich ein eigenes Kapitel gewidmet. Sie machen Angst. Der Weg zu mehr Selbstmitgefühl ist nichts für Menschen, die vor ihrer Angst weglaufen, sondern für solche, die ihr mutig in die Augen schauen. »Wenn wir den Kontrolleur loslassen, den Augenblick deutlicher wahrnehmen und uns der Ungewissheit unserer Zukunft öffnen, werden wir aus dem Käfig der Angst entlassen«, beschreibt es der buddhistische Mönch Ajahn Brahm.[5]

Es braucht Mut, etwas zu verändern.
Du hast Mut.

Geh raus aus alten Mustern, füttere deinen Geist und dein Herz. Du bist nicht auf der Welt, um fremde Erwartungen zu erfüllen. Entdecke deine Schöpferkraft. Der erste Schritt besteht darin, etwas anders zu machen. Oft wird eine Veränderung durch eine Lebenskrise initiiert. Du fühlst dich unzufrieden und leer, bist aggressiv, wütend oder genervt. Wie auf einer dünn gefrorenen Eisschicht kommt dir der Boden unter deinen Füßen brüchig und unsicher vor. Du drohst auszurutschen, die Kontrolle zu verlieren, einzubrechen. Vielleicht hast du die Veränderung selbst initiiert, sie ganz bewusst eingeleitet. Auch dann wird die Welt gehörig durcheinandergeschüttelt. Wir sind verunsichert, weil wir das Neue noch nicht kennen. Gleichzeitig spüren wir, wie das Alte geht. Genau in dieser Phase des Übergangs begegnen uns zwei gewaltige Dämonen. Der eine jammert bitterlich, drängelt und zerrt

---

4 https://www.apotheken.de/gesundheit/gesund-leben/ernaehrungsmedizin/9751-schokolade-hilft-gegen-stress (12.7.2023).

5 Brahm (2004, S. 68).

an dir. Er zieht dich mit all seiner Kraft zurück. »Komm schon, komm zurück, so schlimm war das doch alles gar nicht«. Es ist der Wunsch nach Ungeschehenmachen, die Sehnsucht nach dem Vertrauten, der wir nicht auf den Leim gehen dürfen. Der andere Dämon tarnt sich als kluger und seriöser Berater. Er flüstert dir den wohlklingenden Rat ins Ohr: »Wenn schon, dann Augen zu und so schnell wie möglich durch«. Er versucht die Zeit, die das Leben vorgibt, auszutricksen, zu beschleunigen, so als könnte man an einem Grashalm ziehen, damit er schneller wächst. Der Grund ist, dass wir die Angst spüren, wenn es still und ruhig wird. Wir merken, dass wir keine Kontrolle haben über das, was gerade entsteht. Wir spüren, dass noch gar nichts klar ist, das Leben sich noch Zeit lässt. Diese Ungewissheit des Übergangs von *»es ist nicht mehr, wie es mal war«* zu *»es ist noch nicht so, wie es sein soll«* anzunehmen, triggert unser Bedürfnis nach Sicherheit. Was wird geschehen? Wird das alles klappen? Werde ich das schaffen? Das Gedankenkarussell beginnt, sich zu drehen.

Gedankenkarussell stoppen

Das zu viele Denken hält uns in der Schleife der Angst gefangen. Du kennst das nicht enden wollende Gedankenkarussell, das sich unaufhörlich dreht, wenn du Angst hast, die Kontrolle zu verlieren. Es ist wie in einem Thriller. Du gehst auf den Jahrmarkt, kaufst dir ein Ticket für ein Fahrgestell. Einmal Kindheit und zurück. Du steigst ein. Der Sitzriegel schließt sich. »Zurückbleiben bitte.« Das Gefährt hebt ab. Schneller! Die Umrisse der Umgebung verschwimmen. Du krallst dich mit den Händen am Griff fest. Erst schreist und juchzt du, aber dann wird dir übel. Es reicht. Doch das Karussell fliegt weiter, hält nicht an. Es dreht und dreht und dreht sich. So geht es uns mit unserem Gedankenkarussell. Wie in einem grausamen Thriller kannst du das Denken nicht abschalten. Das zu viele Denken hält uns vom Fühlen ab. In der Komfortzone können wir den Schmerz wegdrücken. Sobald wir unserem Veränderungswunsch folgen und das Fühlen zulassen, zeigt sich der Schatten. Die sichtbar werdende Dunkelheit auszuhalten und anzunehmen, das erfordert Mut. »Wenn ein neuer Anfang wirklich neu ist, fühlt er sich wie eine Krise an. Jede wirkliche Veränderung sollte dir zunächst einmal Angst machen. Wenn sie dir keine Angst macht, ist es keine wirkliche Veränderung«, beschreibt es treffend Nathan Hill in seinem Roman »Geister«.[6]

Veränderung braucht Mut.

Mut ist die Kehrseite der Angst. Mut bedeutet, dass wir nicht zurückweichen vor der Herausforderung. Wir sehen der Angst ins Auge. Mut ist der Grundstein für Veränderungen. Schaffe ich es, das Alte abzustreifen, wie die Schlange ihre Haut? Wage ich mich in die Ungewissheit hinein? Wer bin ich, wenn ich noch mal neu beginne? Mut heißt auch abzuwägen, nachzuspüren, hinzuschauen. Gibt es eine berechtigte Sorge hinter meiner Angst oder zeigen sich die Dämonen der Vergangenheit, die mich von einer Veränderung abhalten wollen? Zum Mut gehört, dass du dich der inneren, dunklen Seite stellst. Wer meldet sich da? Sind es die Stimmen aus der Kindheit, die dich schlecht gemacht und bewertet haben?

Eine Veränderung braucht Zeit.

Nimm dir die Zeit, die nötig ist, um einen Wandel zu vollziehen. Eine Veränderung braucht vor allem in deinem Innenraum Zeit zum Reifen. Die Übergangsphase ist eher ein sich Ablösen von etwas, das ganz allmählich in die Vergangenheit abdriftet. So, als würdest du beim Renovieren eine alte Tapete von der Wand abziehen. Du wässerst die Wand, kratzt mit dem Spachtel am Papier und löst einzelne Streifen. An einigen Stellen geht es besser, an anderen Stellen klebt die Tapete hartnäckiger fest. Lausche dem Fluss des Lebens. Du wirst spüren, wann die Zeit gekommen ist.

Eine Veränderung braucht Selbstmitgefühl.

Wenn wir etwas verändern, dann läuft nicht alles so geschmiert und rund, wie wir es gewohnt sind. Es ruckelt und knirscht noch etwas. Nichts ist mehr Gewohnheit oder Routine. Und das darf und muss genau so sein. Unsere ersten Gehversuche waren von unzähligen Stürzen begleitet, unser Sprechen waren zunächst einfache Laute und Kauderwelsch, die ersten Schreibversuche haben sich in Kritzeleien ausgedrückt. »Es ist noch kein Meister vom Himmel gefallen«. Der etwas abgedroschen erscheinende Volksmund

6 Nathan (2017, S. 857).

steckt voller Weisheit. Habe Mitgefühl mit dir selbst. Achte auf die alten Stimmen, die dich anrempeln, beschimpfen und auf Fehler hinweisen. Lass sie reden. Wer keine Fehler macht, der hat auch nichts Neues ausprobiert. Selbstmitgefühl bedeutet, dass du freundlich zu dir bist und wohlwollend mit dir umgehst. Selbstmitgefühl mag keinen Perfektionismus. Selbstmitgefühl liebt Fehlertoleranz. Um deinen seelischen Muskel für Selbstmitgefühl zu trainieren, habe ich einige Seelenübungen für dich zusammengefasst.

Sei gut zu dir.
Du hast es verdient.
Fang an.
Selbstmitgefühl hilft heilen.

Seelengymnastik
Tagebuch des Übergangs

Lege dir für deinen Wunsch nach Veränderung oder deinen Neubeginn ein Tagebuch des Übergangs an. Wenn du magst, unterteilst du die Seiten in »nicht mehr« und »noch nicht«. Du notierst alles, was nicht mehr ist, wie es war und noch nicht ist, wie es sein soll. Du kannst auch malen, kritzeln und kleben. Lass dich intuitiv durch den Prozess führen. Sammle alles, was dir in den Sinn kommt. Sortiere nichts aus. Alles darf seinen Platz in dem Tagebuch haben.

Frage dich:

- Was geht in mir vor?
- Worüber denke ich nach?
- Welche Synchronizitäten begegnen mir?
- Welche Entscheidungen würde ich gern treffen?
- Wovon möchte ich mich lösen?
- Was träume ich?
- Was zeichnet sich bereits ab?

- Welche Signale bekomme ich aus der Zukunft?
- Welche Impulse habe ich?
- Was will ich nicht mehr machen?
- Was fällt mir immer schwerer?
- Was würde ich mich gerne trauen?
- Was würde ich unheimlich gern machen?
- Gibt es etwas, das ich mir bisher noch nicht zugetraut habe?
- Um was muss ich trauern?
- Was macht mich wütend?

Vorahnungen

Verlass dich ruhig auf deine Ahnungen.
Sie beruhen gewöhnlich auf dicht unterhalb
der Bewusstseinsschwelle registrierten Fakten.

Joyce Brothers

Der Narr – Bild einer Klientin

Kein Mensch kann sich ohne sein Einverständnis wohlfühlen.

Mark Twain

2. Das Universum schafft künstlerisch

Bis hinunter auf die Zellebene sind Menschen entweder im Abwehr- oder im Wachstumsmodus. Wenn wir versuchen, unverletzlich zu werden, hören wir auf, das Leben als unendliche Möglichkeiten, uns selbst als grenzenloses Potenzial und die Welt als einladende Arena für unsere Selbstentfaltung zu begreifen.[7]

Der große Künstler und Wissenschaftler Leonardo da Vinci war fasziniert von der Anatomie des menschlichen Körpers. Er führte unzählige Präparationen durch und skizzierte Organe, Muskeln, Adern und Knochen. Auf dem Papier verfolgte er die Bahnen der Sehnerven hinter den Augen, an deren Ende er den Sitz der Seele vermutete. Leonardo da Vinci prägte den Satz: »Die Augen sind die Fenster zur Seele«.

See | le[8]

Gesamtheit dessen, was das Fühlen, Empfinden, Denken eines Menschen ausmacht; Psyche

substanz-, körperloser Teil des Menschen, der nach religiösem Glauben unsterblich ist, nach dem Tode weiterlebt

Was ist die Seele? Gibt es eine Seele? Und wie machen wir Gymnastik für die Seele, wie es der Titel des Buches verspricht?
Darauf gibt es unzählige Antworten, je nachdem, aus welcher Perspektive du auf die Frage schaust. »Niemand hat je eine Seele berührt oder in einem Reagenzglas gesehen«, schrieb im Jahr 1928 der Begründer der behavioristischen Psychologie John Watson. Mit unseren fünf Sinnen können wir die Seele sicher nicht berühren, da hat Watson recht. Die Seele ist aus der Sicht

7 In Anlehnung an den kanadischen Arzt Dr. Gabor Maté in seinem Buch Der Mythos des Normalen (2023).

8 Duden online https://www.duden.de/rechtschreibung/Seele (2.1.2022).

von spirituellen Weisheiten unsterblicher Teil des Menschen. C.G. Jung nutzte das Wort Seele synonym für die Psyche und für das kollektive Unbewusste, aus dem er die Archetypen identifizierte. Die Seele könnte Teil unserer Psyche sein, die mit dem Ewigen verbunden ist und dem Leben Sinn verleiht.[9] Manchmal nutzen wir das Wort Seele im Alltag auch nur zur Umschreibung von tiefen Gefühlen. Für mich ist die Seele all das. Sie berührt unseren wahren Kern, unsere Quintessenz. Egal was du unter der Seele verstehst, wenn du das Bedürfnis verspürst, deinem Seelenweg zu folgen, dann bist du richtig hier.

Unsere Seele bäumt sich gern in Zeiten auf, die von Verwirrung, Desorientierung und Ohnmacht geprägt sind. Das kann eine Krise sein, eine Krankheit, der Verlust eines Menschen, Selbstzweifel oder auch destruktive und zerstörerische Beziehungsmuster, in denen wir gefangen sind. Unser Verstand versucht dann, das Problem zu analysieren, zu lösen, die Krise zu bewältigen. Unsere Seele hat einen Meta-Blick und einen größeren Plan, den wir nicht immer auf Anhieb verstehen. Das vermeintliche Chaos könnte aus der Perspektive deiner Seele eine natürliche Ordnung haben, die wir noch nicht erkennen.

Kunst ist Seelensprache.

Der authentische künstlerische Ausdruck ist Seelensprache. Die Seele erzählt in Bildern, Mythen, Märchen, Geschichten und den Künsten. Mythen existieren jenseits von Zeit und Raum, sie verbinden das Unbewusste mit dem Bewusstsein.[10] Wenn ich von Kunst spreche, dann meine ich den kreativen und authentischen Ausdruck jenseits einer Bewertung. Eine Bewertung trennt uns von der Kunst als kollektive Sprachform. Es ist die Sprache der Sinne, eine Wissenschaft der Stille.

Unsere Wortsprache beurteilen wir nicht. Man kann deinen Wortschatz überprüfen oder deine Sprachgewandtheit loben, aber die Sprache der Buchstaben als solche bewerten wir nicht. Wir sprechen sie einfach. Warum bewerten wir dann die Kunst als Ausdrucksform? Wir können in der Kunst Techniken lernen und Talente wie Picasso oder Michelangelo entdecken. Darum geht es bei der Kunst als Sprache aber nicht. Wir suchen den inneren Ausdruck, der Eindruck hinterlässt. Manches vermeintlich einfach gemalte

---

9 Siehe ähnlich: Pearson (2019).

10 Siehe auch Wirtz (2014).

Bild kann uns mehr berühren als ein technisch perfekt gezeichnetes Porträt. Kunst weckt unsere innere Schöpferin.

Mit der Kunst kannst du dich in das Sein einweben.

Das künstlerische Schaffen ermöglicht dir, mit dem zu sein, was ist. Mit der Kunst kannst du deine lebendige Weisheit beschwören und in eine Form gießen. »Wenn wir aufhören, die Fantasie zu kontrollieren und das zulassen, was spontan hochkommt – Worte, Bilder, Symbole –, entdecken wir die Tiefen unserer inneren Weisheit«, beschreibt es Pearson.[11] Um deiner Seele zu lauschen, brauchst du Selbstmitgefühl. Selbstmitgefühl ist eher eine Haltung als ein Gefühl. »Im Gegensatz zu Gefühlen, die von selbst kommen und gehen, kann eine Haltung in *jedem* emotionalen Zustand aufgerufen, erzeugt und gefördert werden«, so treffend der Mediziner Maté. [12]
Wenn du dich so annimmst, wie du bist, hast du die Möglichkeit, auf deinem Seelenweg zu wandern und deine Essenz zu berühren. All die erlernten Glaubenssätze, Gebote und Verbote darfst du dafür über Bord werfen. Einer davon könnte lauten: »Ich kann nicht malen«. Könnte deine Seele mit den Augen rollen, dann würde sie es bei solchen Aussagen sicherlich sofort tun. Denn wenn wir wahrhaftig und authentisch sind, ist das für die Seele unweigerlich schön.

Vergiss alles, was du bisher über Kunst gelernt hast, und leg los.

Die Übungsanleitungen helfen dir, mit dem dir wichtigsten Menschen eine Liebesbeziehung einzugehen, mit dir selbst. Das Universum schafft künstlerisch, um mit ihm zu kommunizieren, müssen wir kreativ sein.

Verwandle Wissen und Weisheit und Erfahrung in Magie.

---

11 Pearson (2019, S. 281).
12 Maté (2023, S. 477).

Ameise – Bild einer Hochbetagten

Die Ameisen

In Hamburg lebten zwei Ameisen,
Die wollten nach Australien reisen.
Bei Altona auf der Chaussee
Da taten ihnen die Beine weh,
Und da verzichteten sie weise
Dann auf den letzten Teil der Reise.

Joachim Ringelnatz

3. Es waren einmal zwei Ameisen

Du kennst vielleicht das Gedicht von Joachim Ringelnatz »Die Ameisen«. Wenn einem, wie den beiden kleinen Insekten, die Beine wehtun, dann ist es eine gute Sache, eine Pause einzulegen. Ob man gleich die ganze Reise abbrechen sollte, muss jeder für sich selbst entscheiden. Wichtig ist, dass du gut für dich sorgst und nett mit dir umgehst. Du kannst in so einer Situation zu dir sagen: »Siehst du, nun hast du das auch nicht hinbekommen, war doch klar« oder aber: »Wow, bis hier bin ich schon gekommen, super, jetzt brauche ich eine Pause«. Welche Sätze sind dir vertrauter?

Beim Selbstmitgefühl geht es darum, wie du mit dir umgehst. Wer Selbstmitgefühl hat, der will nichts an sich weghaben, keinen Körperteil und keine Macke. Wer Selbstmitgefühl hat, der nimmt nicht nur die Freuden des Lebens, sondern auch den Schmerz liebevoll an. Wer Mitgefühl mit sich selbst hat, der achtet auf seine Grenzen und ruht sich aus, wenn es nötig ist. Wer Selbstmitgefühl hat, der ist freundlich zu sich. Dazu gehört vor allem, wie du mit dir redest. Wir alle führen – laut oder leise – Selbstgespräche. Oft verbergen sich hinter den destruktiven Stimmen, die uns ermahnen, antreiben oder beschimpfen, tief verwurzelte Glaubenssätze aus der Kindheit. Mir berichtete eine Klientin, dass sie sich nicht hinsetzen und malen dürfe, bevor sie aufgeräumt habe. Nun kann der Wunsch nach Aufräumen auch Ausdruck eines Bedürfnisses nach einer inneren Ordnung sein, das sich im Außen manifestiert. Das ist absolut nachvollziehbar. Bei der Klientin war es aber eher ein Zwang, ein innerer Befehl, der ihr das Malen verboten hat, bevor nicht die häuslichen Pflichten erfüllt sind. Es erinnert mich an den Volksmund »Erst die Arbeit, dann das Vergnügen«. Kennst du auch solche Sätze?

Selbstmitgefühl ist der Generalschlüssel zu deinem inneren Gefängnis.

Abb. 1 Elefant – Bild einer Demenzerkrankten

Das Leben ist unendliche Freiheit mit Ablaufdatum

4. Die Weisheit der Alten

Was ist wirklich wichtig? Mir hilft bei der Beantwortung der Frage eine Gegenfrage: Wie werde ich am Lebensende auf meine Entscheidungen und unterlassenen Taten zurückschauen? War es mit Rückblick auf mein Leben richtig und sinnvoll? Was würde ich bereuen, nicht getan zu haben?

Was können wir von den Alten lernen?

Der Zukunftsforscher Matthias Horx prägte den Begriff der Regnose. Im Gegensatz zur Prognose, die von der Gegenwart in die Zukunft schaut, ist es bei der Regnose genau andersherum. »Regnose bedeutet, geistig ins Morgen zu springen und uns rückwärts zu fragen, wie wir dort hingekommen sind – und was sich ändern musste und konnte auf dem Weg dorthin.«[13] Wir erkennen aus dieser Perspektive, dass unsere innere Dimension die Zukunft in uns selbst erzeugt. Wir selbst sind diese Zukunft, beschreibt es Horx. Traust du dich aus dem Jetzt bis zum Lebensende vorzuspulen und von dort zurückzublicken? Und was können wir lernen von denen, die bereits am Ende ihres Lebens angekommen sind? In alten Zeiten lebten alle Generationen unter einem Dach. Geburt, Leben und Tod fanden gleichzeitig und sichtbar für alle in einer Familieneinheit statt. Altwerden, Krankheit, Sterben, Tod sind in unserer Gesellschaft heute Schattenthemen. Auch Schwäche und Verletzlichkeit werden ungern gezeigt. Die Alten werden aussortiert aus der Leistungsgesellschaft. Wir leben in einer leistungsorientierten Welt, die Krankheit und Tod nicht gebrauchen kann. Am besten scheint es für unsere Kultur zu sein, dass wir das Sterben ausblenden und die alten Menschen in Seniorenresidenzen oder Pflegeeinrichtungen verstecken. Mir wurde sogar schon einmal vorgeworfen, dass der Begriff »Die Alten« diskriminierend sei, nachdem ich die Botschaften, die ich dir jetzt vorstellen werde, auf Facebook verbreitet hatte. Gern kannst du dazu meinen Beitrag »Wenn Political Correctness zur Ideologie wird« im Onlinemagazin Tiefgang, Kulturfeuilleton des Hamburger Südens lesen. [14] Es sind gerade die Alten, die mit ihrem Erfahrungsschatz ein Wegweiser für die Jüngeren sein

---

13 https://www.zukunftsinstitut.de/ (11.7.2023).

14 Hinrichs https://www.tiefgang.net/wenn-political-correctness-zur-ideologie-wird/ (16.5.2023).

können. Aus dem Mittelalter kennen wir die alten weisen Frauen, die sich mit Heilkräutern und Pflanzen auskannten und bei denen man Rat einholen konnte. Sie waren dem Patriarchat ein Dorn im Auge. Später wurden sie als Hexen auf dem Scheiterhaufen verbrannt. In meiner Gruppe »Kreativer Begegnungsraum für Hochbetagte« in einer Seniorenresidenz haben wir das Thema »Die Weisheit der Alten« künstlerisch aufgenommen. »Das möchten wir Alten euch Jüngeren mit auf den Weg geben«, lautete das Thema. Dazu habe ich unter den Teilnehmenden, die alle um die neunzig Jahre alt sind, Antworten gesammelt. Anschließend haben die Hochbetagten die Botschaften in Bilder übersetzt.

Eine Antwort etwa lautete: *»Genieße das Leben, es ist viel kürzer als du denkst«*. Zu dieser Weisheit entstand der ins Leben verliebte Elefant (Abb. 1), der – ob Sonne oder Wolken – vergnügt durch die Wiesen springt.

Weitere Botschaften waren beispielsweise:

- *»Liebe, Liebe, Liebe«*
- *»Sei nicht so streng mit dir, nimm nicht alles so ernst und lass mal fünfe gerade sein«*
- *»Achte auf dich und deine Gesundheit«*
- *»Schaue mehr nach innen als nach außen«*
- *»Sei authentisch und ehrlich«*
- *»Verwirkliche deine Träume«*

Mich hat dieses kleine Experiment sehr beeindruckt. Denn alle Antworten können wir unter das Thema Selbstliebe, Selbstfürsorge und Selbstmitgefühl subsumieren. Fang also jetzt damit an, dich wirklich ernst zu nehmen.

5. Der Panoramablick der Seele

Ich möchte mit dir ein paar Gedanken teilen, die meinen Blick auf die Welt verändert haben. Damit will ich dich motivieren, deine Perspektive zu erweitern, um neue Gedanken und Impulse zuzulassen.
Ich bin 1965 in eine streng materialistisch-mechanistische Welt geboren worden. Die Welt und auch der Mensch funktionieren wie eine Maschine, lernte ich in der Schule. Das war das Paradigma der Aufklärung, die nach einer Epoche der Dominanz der katholischen Kirche sich vom Glauben gelöst und der Vernunft zugewandt hatte. René Descartes (1596–1650), Philosoph, Mathematiker, Naturwissenschaftler und Wegbegleiter der Aufklärung postulierte: *»Ich sehe keinen Unterschied zwischen Maschinen, die von Handwerkern hergestellt wurden, und den Körpern, die allein die Natur zusammengesetzt hat. (...) Für mich ist der menschliche Körper eine Maschine. In Gedanken vergleiche ich einen kranken Menschen und eine schlecht gemachte Uhr mit meiner Idee von einem gesunden Menschen und einer gut gemachten Uhr.«*[15]
Nur bei meiner Oma hörte ich etwas von Gott. Mit ihr besuchte ich in der katholischen Diaspora in Hamburg die Kirche. Ich lernte von ihr all die Mythen und Geschichten um Jesus von Nazareth. Es gab viele Gebete, die ich in der Kirche mitsprechen konnte. Ich lernte das Glaubensbekenntnis, in dem mich ein Satz über Jesus Christus besonders beeindruckte: *»... hinabgestiegen in das Reich des Todes, am dritten Tage auferstanden von den Toten, aufgefahren in den Himmel ...«*
Wie sollte das gehen? Ein Toter fährt in den Himmel wie mit einem Fahrstuhl? Ich war verwirrt, fragte mich, wo all die seit Jahrtausenden Verstorbenen Platz finden sollten. Der Himmel müsste maßlos überfüllt sein, sinnierte ich in meinem kindlichen Gedanken. Je älter ich wurde, desto mehr zweifelte ich an all den Regeln und Vorschriften, die mich die katholische Kirche gelehrt hatte. Das ganze System Kirche brachte mich weg von spirituellen Gedanken. Ich glaubte fest an das, was mir in der Schule und unserer Gesellschaft beigebracht wurde: Die Welt als Maschine, Bewusstsein wird vom

15 Descartes (1996, S. 18).

Gehirn produziert. Der Stärkere setzt sich durch. Die ganze evolutionäre Entwicklung ist mit Zufällen zu erklären. Und so weiter und so fort.
Es sollte Jahrzehnte dauern, bis ich mich wieder für spirituelle Themen öffnen konnte. Paradoxerweise war es die Wissenschaft, die mich an neue Impulse und Perspektiven heranführte.
Immer öfter begegnete mir die Verbindung zwischen Wissenschaft und Spiritualität. »Der ganze Umfang möglicher Antworten auf die Geist-Körper-Frage kann als ein lineares Spektrum betrachtet werden«, so der Neurologe Eben Alexander, »das an zwei entgegengesetzten Polen verankert ist, dem Materialismus (das Gehirn erzeugt den Geist) auf der einen und dem metaphysischen Idealismus (der Geist erzeugt das Gehirn und alle physische Materie) auf der anderen Seite.«[16] Was du aktuell glaubst, hat ganz maßgeblich damit zu tun, wie du in deiner Kultur geprägt wurdest. In verschiedenen wissenschaftlichen Fachgebieten breitet sich die Idee einer holistischen Weltsicht immer weiter aus.[17] Wir sind verbunden. Die Welt ist ein lebender Organismus, der wiederum Teil eines lebendigen Universums ist. Ausführlich habe ich mich mit der holistischen (holografischen) Weltsicht in meinem Buch *Kunst als Sprache der Intuition. Der holografische Ansatz in der Kunsttherapie und kunstanalogen Transformationsprozessen* anhand von unterschiedlichen Wissenschaftsdisziplinen beschäftigt.
Die Grundannahme lautet, dass Wissen und Erfahrungen nicht im Gehirn, sondern das Hirn im Wissen steckt. Als ich diese These erstmals hörte, war ich mehr als skeptisch. Aber je mehr ich forschte und las, desto mehr verstand ich, dass sich auch in der Wissenschaft längst ein Paradigmenwechsel abzeichnet. Jedenfalls ist das Thema Bewusstsein bis heute ein ungelöstes Rätsel. Wird es vom Gehirn »produziert« oder ist es irgendetwas anderes, außerhalb des Körpers, mit dem wir interagieren? Dazu gibt es unzählige Thesen in unterschiedlichen Wissenschaftsbereichen. Der Physiker und Heisenberg-Schüler Heim definiert in seiner einheitlichen zwölf-dimensionalen Quantenfeldtheorie Bewusstsein als eine Dimension des Universums.[18] Er beschreibt einen universellen Hyperraum, mit dem der Mensch über seine DNS verbunden ist. Im Hyperraum sei das Langzeitgedächtnis abgespeichert.

16 Alexander (2020, S. 95).
17 Ausführlich in meinem Buch »Kunst als Sprache der Intuition«.
18 von Ludwiger(2010), Wilber (2007), so auch Laszlo (2007); so auch Schwartz, Beauregard, Miller (2016) in ihrem Manifest für eine post-materialistische Wissenschaft.

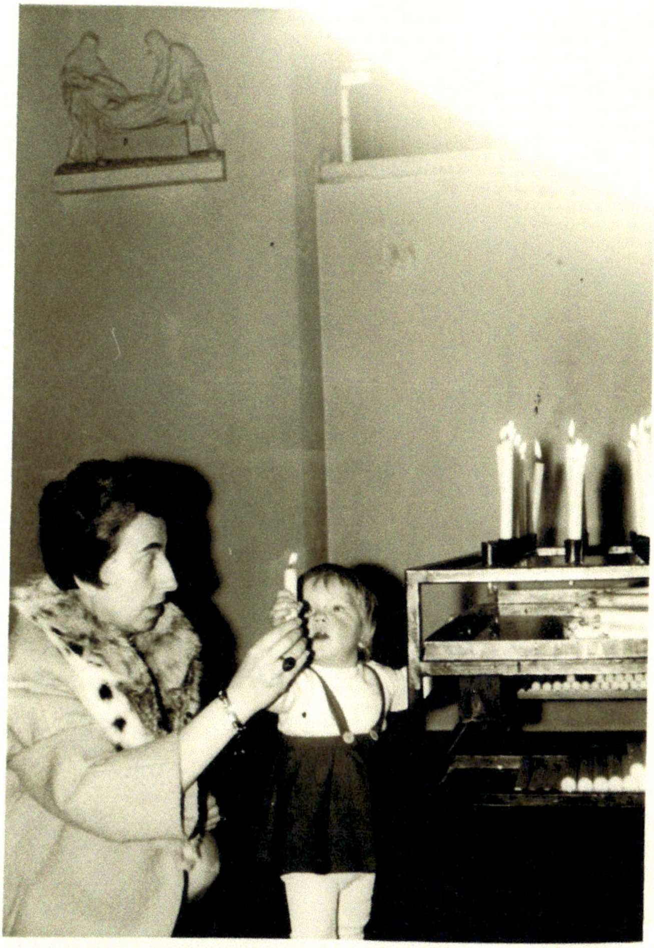

Oma und Ulrike in der Kirche

Auch das Gehirn sei mit dem universalen Umfeld verbunden. Das würde bedeuten, dass das individuelle Bewusstsein als Teil eines größeren universellen Bewusstseins, vergleichbar mit einer Welle im Ozean, zur Entwicklung des gesamten Bewusstseinsfeldes beiträgt. So wie es elektromagnetische Felder oder Gravitationsfelder gibt, bestehen Bewusstseinsfelder, die Bestandteil der universellen Prinzipien sind. Das ganze Universum entwickelt sich durch unser Bewusstsein weiter. Das erinnert doch sehr an die Ideen einer Seele, die wir auch in religiösen und spirituellen Traditionen finden.

Thinking out of the box is impossible,
thinking is the box.

Alberto Villoldo

Es ist nicht wichtig, ob du die Welt so oder anders siehst. Man braucht keine spirituelle Einstellung und muss auch zu keinem Gott beten. Auch ich kenne die Wahrheit nicht. Ich bin wissenschaftlich bodenständig und zugleich spirituell offen. Von Quantenphysik bis zur Weisheit indigener Kulturen interessieren mich Perspektiven jenseits der mir bisher bekannten Annahmen. Das bedeutet nicht, dass ich mir all die Ansätze zu eigenen mache. Mir ist wichtig, dass wir uns trauen, aus vorgefertigten Schubladen auszusteigen und offenzubleiben. Mein Lehrer Alberto Villoldo prägte den schönen Satz: »Thinking out of the box is impossible, thinking is the box.« Ganz raus kommen wir nicht aus unseren Denkschablonen, aber wir können sie bewusst erweitern.

Kunst ist die Sprache deiner Seele.

Was hat das nun alles mit dir, deinem Selbstmitgefühl und der Kunst als Sprache zu tun, magst du dich fragen. Wir müssen zunächst einmal verstehen, dass wir zwei unterschiedliche Denksysteme haben. In der westlichen Kultur sind wir auf das rationale Denken trainiert worden und haben das wilde Denken völlig vernachlässigt. Der amerikanische Psychologe und Nobelpreisträger für Wirtschaft, Daniel Kahneman, konstatiert zwei Formen des Denkens, die du in den nächsten Kapiteln vertiefend kennenlernen wirst. Das langsame, rationale Denken und das schnelle, intuitive Denken stützen sich auf zwei unterschiedliche Formen der Wahrnehmung. Du wirst die Kunst als eine Variante des schnellen Denkens kennenlernen, als eine Form einer universellen und metaphorischen Sprache. Es ist die Sprache deiner Seele. Diese zwei Denkformen, rationales und intuitives wildes Denken, spiegeln sich auch in unserer linken und rechten Hirnhälfte.[19] Schon C. G. Jung hat konstatiert, dass unser inneres Wissen ausgedrückt über Bilder und Symbole vor dem rationalen Denken steht. »Der Verstand, den Menschen einsetzen, um vermeintlich kluge Entscheidungen zu treffen, ist begrenzt und macht nur einen kleinen Teil unseres tatsächlichen Wissens aus«, sagt der amerikanische Intuitionsforscher Milton Fisher. »Dennoch handelt es sich, wenn wir eine Intuition haben, um den Abruf von Informationen, die wir irgendwann über unsere fünf Sinne wahrgenommen und gespeichert haben«.[20] Mit der Kunst als Sprache schaltest du von der Froschperspektive auf Panoramablick. Wie auf einer universellen Aussichtsplattform erkennst du Zusammenhänge, die du vorher nicht gesehen hast. Mit der Kunst als Ausdruck kannst du dich in das universelle Netz einloggen.

Bauchgefühl

Nutze deine Intuition als mächtiges, aber nicht als allmächtiges Instrument.
Achte auf deine Körpersignale.
Sind deine Muskeln angespannt oder entspannt?
Wie fühlt sich dein Bauch an, hast du da einen Knoten?
Wie schlägt dein Herz?

19 Siehe auch Paintner, Beckmann (2010).

20 Fischer (2007) https://www.spiegel.de/wissenschaft/mensch/intuition-die-macht-des-unbewussten-a-479900.html (16.09.2023).

Abb. 2 Sonne und Mond – Maha

6. Sonne, Mond und Elefanten

Sonne und Mond, Tag und Nacht, Yin und Yang, Freude und Leid, männliche und weibliche Kraft. Tun und Sein, Denken und Fühlen. Wir schwingen zwischen diesen Polen. Diese polaren Kräfte sind universell. Der Mond steht in der Symbolik für die weibliche Urkraft, die Sonne für die männliche Energie. Wie Yin und Yang gehören Sonne und Mond zusammen. Männliche und weibliche Qualitäten sind Seinszustände. Das männliche Prinzip beschreibt das rationale und analytische Denken, Handeln und die Aktivität. Die männliche Energie ist impulsiv, spontan, zwanglos, triebhaft, fokussiert und zielgerichtet, kämpferisch, dynamisch, leistungs- und wettbewerbsorientiert. Sie ist auch beschützend, versorgend und motivierend. Positiv gelebte männliche Kraft fördert Mut, Entschlossenheit, Klarheit, Akzeptanz und größtmögliche Freiheit. In seiner negativen Ausprägung führt diese Kraft zur Überbetonung von Leistung und Erfolg sowie der Leugnung von Gefühlen.

Das weibliche Prinzip steht für Hingabe und Empfänglichkeit. Die weibliche Energie ist eher diffus, fließend und formlos. Gleichzeitig ist sie schöpferisch-gestaltend, gebärend, nährend, verwandelnd und heilend. In der toxischen Übertreibung gehören zum weiblichen Prinzip das Einengen, Festhalten, Abhängigmachen, Verschlingen, Fressen und Zerstören.[21]

»Wenn die Sonne mit Mond zusammen mit Love hängt, dann Sterne bringt«, schrieb eine Geflüchtete in meiner Gruppe auf ihr Sonne-Mond Kunstwerk (Abb. 2.). *Wenn Sonne und Mond sich vereinigen, dann gebären sie Sterne*, meinte Maha, die gerade mit dem Deutschkurs begonnen hatte. Das ist eine schöne Metapher dafür, dass sich die männliche und die weibliche Urkraft verbinden müssen und ihr Gegenstück brauchen, um in Harmonie zu kommen. Männliche und weibliche Kraft, das eine geht nicht ohne das andere. Hart und weich, stark und verletzlich. Diese polaren Kräfte haben unterschiedliche Sprachen. Die Sprache der Worte folgt dem männlichen, die Sprache der Bilder dem weiblichen Prinzip.

---

21 Croissier (2006), ausführlich Hinrichs (2019).

Die Paradoxe der Seele

Nicht »entweder oder«, sondern »sowohl als auch«

- Vertraue auf deine Intuition und halte dich an die Wissenschaft und kritisches Denken.
- Folge deinem Herz und benutze deinen Kopf.
- Bedenke: wir sind eins und wir sind getrennt.
- Versuche, deinen Schmerz zu lindern und spüre deinen Schmerz.
- Angst kann krank machen und das Verdrängen der Angst kann uns töten.
- Wir sind nicht unser Körper, unsere Gefühle, unser Ego und wir sind genau all das.
- Folge deiner spirituellen Führung und sei dir nie zu sicher, dass du einen direkten Draht zu Gott hast.[22]

Mit der weiblichen Kraft können wir unsere Intuition aktiveren. Hast du dich mal gefragt, was der Unterschied zwischen Instinkt und Intuition ist? Beim Instinkt geht es ums Überleben, bei der Intuition um Co-Kreation mit dem Leben. Vom Grundprinzip ist unser gesamter Körper wie eine Art »Lesegerät« für die intuitive Wahrnehmung. Mit unseren Sinnen, unserem Körper, erfahren wir die Welt. Wir können vier Merkmale der Intuition hervorheben: Das wache Auge, die innere Stimme, das Bauchgefühl und das innere Wissen (siehe ausführlich Kapitel 10.). Die Kunst kann die inneren Bilder und Vorahnungen nach außen transportieren. Die größte Herausforderung ist, dass wir den intuitiven Impulsen vertrauen. Die metaphorische Sprache der Bilder zeigt oft mythische Figuren und Archetypen, mit denen wir in den Übungsanleitungen auch arbeiten werden. Sie sind mächtige kollektive Felder, mit denen wir Kontakt aufnehmen können, um neue Impulse zu generieren.

Kunst ist Elefantensprache.

Anhand des Modells von Elefant und Reiter möchte ich dir den Hintergrund unserer zwei Denksysteme noch genauer erläutern. Die Metapher von Elefant und Reiter geht auf den amerikanischen Psychologen Jonathan Haidt

22 Ähnlich auch Rankin (2023).

zurück.[23] Er beschreibt das Zusammenspiel von rationalem Denken und der automatischen Verarbeitung von Reizen. Der Reiter steht für den rationalen Verstand, während zum Elefanten Bauchgefühl, instinktive Reaktionen, Emotionen und intuitive Ahnungen gehören. Diese unterschiedlichen Systeme kennen wir vergleichbar auch von Daniel Kahneman, Professor für Psychologie und Nobelpreisträger für Wirtschaft. Er unterscheidet das langsame, rationale Denken und das schnelle, assoziative Denken, welches der Intuition entspringt. Die Ethnologin Dr. Kessler bezeichnet es synonym als das nach innen gerichteten »wilde Denken«.[24]
Das rationale, langsame Denken läuft linear. Das bedeutet, dass solche Prozesse von der Vergangenheit über die Gegenwart in die Zukunft laufen. Das rationale Denken steht im Zentrum unseres Bewusstseins. Die Verarbeitung ist begrenzt. Im Vergleich zu intuitiven Prozessen ist das rationale Denken langsam. Rationale, kontrollierte Prozesse erfordern, dass wir die Sprache der Buchstaben und Worte beherrschen. Während das planmäßige und lineare Denken über Faktenchecks, Analysieren und Zerlegen von Bestandteilen in ihre Einzelteile langsame Schlüsse zieht, agiert das wilde Denken für den aktiven Geist blitzschnell und oft unbewusst in endlosen vernetzten Assoziationsketten. »Wie Kräuselwellen auf der Oberfläche eines Teiches breitet sich die Aktivierung durch einen kleinen Teil des riesigen Netzwerks assoziativer Vorstellungen aus«, konstatiert Kahneman.[25] Intuitive Prozesse laufen assoziativ, mühelos und automatisch. Ein großer Teil dieser Prozesse ist unbewusst. Das wilde Denken erfordert keine Anstrengung oder Lenkung. Gleichzeitig sind seine Botschaften nicht immer leicht zu verstehen. Sie sind symbolisch und metaphorisch.

Die Sprache der Worte folgt dem männlichen, die Sprache der Bilder dem weiblichen Prinzip.

Die Metapher von Elefant und Reiter beschreibt anschaulich die Dynamik zwischen den beiden Polen. Der Reiter sitzt auf dem Rücken des Elefanten und lenkt diesen. »Der Reiter (...) ist das bewusste, kontrollierte Denken. Der Elefant ist dagegen alles andere. Zum Elefanten gehören Bauchgefühl,

23 Haidt (2007).
24 https://christinakessler.com/wildes-denken-im-einklang-mit-der-welt/ (15.10.2022).
25 Kahnemann, (S. 71).

instinktive Reaktionen, Emotionen und Ahnungen, die die automatische Verarbeitung großteils ausmachen. Elefant und Reiter haben jeweils ihre eigene Intelligenz, und wenn sie gut zusammenarbeiten, kann die einzigartige Genialität der Menschen zutage treten.«[26] Der Elefant steht für die weibliche Urkraft. Er mag Mythen, Märchen und Geschichten. Er reagiert auf Emotionen. Es ist die Symbolsprache der Seele, die der Elefant versteht. Die Kunst ist eine Ausdrucksform dafür. Sie kann mühelos in dunkle Ecken schauen, in die wir oft nicht blicken wollen oder können. Der künstlerische Ausdruck ist eine Lichtquelle, um der Dunkelheit in uns zu begegnen. Oft ist diese Sprache der Seele, wie wir es auch nennen könnten, rätselhaft und für den Verstand nicht immer auf Anhieb zu verstehen.

Kunst gibt nicht das Sichtbare wieder,
sondern Kunst macht sichtbar.

Paul Klee

Kunst ist dein Nachtsichtgerät für den Pfad deiner Seele. Die Kunst hilft uns, die Perspektive zu erweitern, um klarer zu sehen. Die Kunst entspringt unserer intuitiven Seite. Sie manifestiert intuitive Botschaften, wenn sie einen authentischen, freien Ausdruck findet. Das Kunstwerk macht Inneres im Außen sichtbar. Jedem von uns steht diese lange vernachlässigte Form einer universellen Sprache zur Verfügung, die sich in einer unmittelbaren, intuitiven, fühlenden Wahrnehmung ausdrückt. Diese Wahrnehmung kann sich beispielsweise in Bildern, Mythen, Märchen, Geschichten, Tanz oder Musik ausdrücken. Die intuitive Seite in uns denkt in bildhaft metaphorischen Assoziationsnetzen. Assoziationen zu den Kunstwerken wecken Resonanzen und übersetzen die traumähnliche Bildsprache in Worte.
Bildhafte Denkprozesse sind im Gehirn eng mit emotionalen Erlebnissen verknüpft. Deswegen können wir uns abstrakte Dinge schwerer merken als Themen, die mit Emotionen und Bildern verknüpft sind. Durch das künstlerische Schaffen gelingt uns ein Zugriff auf bildhafte Erinnerungen. Wir aktualisieren damit emotional bedeutsame Erlebnisse, für die es – wie bei Kindheitserinnerungen – oft gar keine Sprache gibt. Die Kunst eröffnet uns einen Kanal zu einer bildhaften Kommunikation.

---

26 Haidt, (2007, S. 34).

Der künstlerische Ausdruck lebt von der Gleichzeitigkeit. Kunst kann Widersprüchliches nebeneinander zeigen und bestehen lassen. Auch Unaussprechliches darf sichtbar werden. Die in der Entstehung befindliche Zukunft kann sich mit neuen Perspektiven zeigen. Die Intuition nutzt das assoziative Denken. Unser Verstand hilft uns dabei, durch Worte etwas auszudrücken und mitzuteilen. Nur wenn wir etwas in Sprache fassen, können wir es auch reflektieren. Auf diese Weise wirken die Kräfte – Verstand und Intuition – zusammen. Die Kunst als Sprache ist ein Ausdrucksmittel, das von allen Menschen, unabhängig von kultureller Prägung, Religion, Sprache, Geschlecht und Alter, verstanden und genutzt wird. Unsere Sprache der Worte folgt dem linearen, rationalen Denken. ABC, ihre Zeichen sind die Buchstaben. Die Sprache der Worte müssen wir erlernen, sie hat ein Alphabet und eine feststehende Grammatik. Das wilde, intuitive Denken drückt sich bildhaft aus. Wir wechseln vom Verstand auf die höhere Seelenebene, nehmen Kontakt zu kollektiven Feldern auf. Deine Seele ist dein Cheerleader. Wir erhalten eine erweiterte, universelle Perspektive. Mit der Übersetzung von Ahnungen und Intuitionen in Kunst können wir die Zukunft sichtbar machen. Künstlerische Prozesse kitzeln den Bereich der Unendlichkeit. Du kannst die Kraft des künstlerischen Ausdrucks für deinen Weg der Selbstliebe und des Selbstmitgefühls nutzen.

Kunst ist ein Nachtsichtgerät für die innere Dunkelheit.

Hand – Bild einer Geflüchteten

7. Die Meisterschaft über die Zeit

Die zwei Kräfte von männlicher und weiblicher Energie, die wir im vorherigen Kapitel vertieft haben, zeigen sich auch im Verständnis von Zeit. Newton behauptete, Zeit sei absolut und verlaufe überall im Universum gleich. Das ist die uns bekannte Zeit, die sich in Sekunden, Minuten und Stunden messen lässt. Sie ist der männlichen Energie zuzuordnen. In der linearen Zeit sprechen wir von der Kausalität der Ereignisse. Kausalität beschreibt die Verbindung von Ursache und Wirkung. Weil ich die Nummer meiner Mutter gewählt habe (Ursache), geht sie ans Telefon (Wirkung).

Albert Einstein konstatierte mit seiner Relativitätstheorie, dass Raum und Zeit miteinander verbunden sind. Die Zeit stehe in Relation zum Raum. Indigene Kulturen haben ein erweitertes Verständnis von Zeit. Es gibt die lineare Zeit, die fliegt wie ein Pfeil. Sie tickt nach Sekunden. Und es gibt zirkuläre Zeit, die sich dreht wie ein Rad, sagen die Q'eros, Nachfahren der Inka. Hier spielt Zeit, wie wir sie kennen, keine Rolle. Es ist der Blick der weiblichen Kraft auf Zeit. Die Aborigines nennen sie Traumzeit, die sich als eine allgegenwärtige metaphysische Parallelwelt zeigt. Im Raum der zirkulären Zeit entstehen synchrone Ereignisse. Synchronizität bedeutet, dass zwei Ereignisse, die nicht kausal miteinander verbunden sind, einen Sinn ergeben (Du denkst an deine Mutter, in diesem Moment ruft sie an). Aus unserer westlichen Perspektive ist das erst einmal nicht nachvollziehbar, dass es hierbei einen Sinnzusammenhang geben könnte. Als Zufall haben wir solche Ereignisse einzuordnen gelernt.

Richard A. Muller, Professor für Physik an der University of California konstatiert in seinem Buch *JETZT. Die Physik der Zeit*, dass die Bedeutung der Zeit nur eines von vielen Phänomenen sei, die die Physik noch nicht verstanden habe. »Die Definition von Zeit ist die größte Preisfrage der Physik«, so auch der Physiker Alan Guth in einer ARTE Dokumentation zum Thema Zeit. »Es gibt eigentlich keinen Aspekt der Zeit, den wir wirklich vollkommen verstehen«, ergänzt der Physiker Max Tegmark.[27]

Die Zeit sei flexibel, dehnbar und könne sich sogar umkehren. Diese Effekte

27 https://www.youtube.com/watch?v=fmdwMxP_5ZA (17.11.2022).

seien so stark, dass sie bei der Konstruktion von GPS-Satelliten berücksichtigt würden, so Mueller.[28] Das kommt der zirkulären Zeitvorstellung sehr nahe.

Flow ist die Zeit, in der man sie vergisst.

Wozu interessiert uns nun diese Unterscheidung? Der zirkulären Zeit begegnen wir in der echten Stille, in Flow-Zuständen, im Raum zwischen dem Einatmen und Ausatmen. Flow ist ein Begriff, den der Glücksforscher Mihály Csíkszentmihályi geprägt hat.[29] Es ist das Gefühl der völligen Vertiefung bei gleichzeitigem Aufgehen in der Tätigkeit. Alles wird ganz leicht, fließend und läuft ohne Anstrengung ab. Der Flow-Zustand entspricht auf der Körperebene der kardinalen Kohärenz, einer optimalen Synchronisation von Atmung, Herzschlag und Blutdruck. Im Flow besteht Harmonie zwischen dem limbischen System, das die Emotionen steuert, und dem Neocortex, dem der Sitz für Bewusstsein und Verstand zugeschrieben wird.[30]
Mir gefällt der Begriff »Mikro-Flow«, der kurze Flow-Momente beschreibt. Diese Momente erleben wir beim künstlerischen Schaffen. Wir tauchen ein in eine Welt der inneren Bilder. Mythen, Märchen, Poesie, Musik, Geschichten berühren eine andere Ebene der Wahrnehmung. Man könnte es vielleicht die Sprache der Seele nennen. Wir sprechen hier nicht die Sprache der Buchstaben, sondern die der Bilder. Wir folgen intuitiven Prozessen, berühren die Zukunft durch Vorahnungen und Geistesblitze. Hier geht es nicht um richtig und falsch, um logisch oder unlogisch, sondern um Impulse deiner Seele, die dich auf eine höhere Ebene des Seins bringen will.
Vielleicht könnten wir diese Momente mit einer Nahlebenserfahrung beschreiben. Sie zeigt das Berührtwerden vom Urgrund des Lebens. Es ist eine Verbundenheit mit dem ganzen Kosmos. Kinder haben diese Verbindung noch ganz natürlich inne. Im Laufe des Lebens geht dieser Kontakt oft verloren, da wir in unserem Kulturkreis mehr auf das Außen und weniger auf das Innen fokussieren. Dennoch kennen alle Menschen solche weltverbundenen Momente, in denen wir das rationale Denken loslassen können, den Verstand schlafenlegen, in Kontakt mit unseren Gefühlen sind und die Zeit völlig vergessen. Wir können mit der Kunst solche Momente wachrufen.

28 Mueller (2022, S. 25).
29 Csíkszentmihályi (2010 S. 26).
30 https://www.biologie-seite.de/Biologie/Flow_(Psychologie) (11.2.2023).

Wann hat es in deinem Leben (zuletzt) einen Moment gegeben, in welchem du

- völlig im Jetzt aufgegangen bist?
- alles um dich herum vergessen hast?
- alles am Fließen war?
- die Zeit vergessen hast?
- NICHTS getan hast?

Atmen – Ulrike Hinrichs

»Alles was ich bin, ist mein Atem«. Vom Medizin-Anthropologen Alberto Villoldo, der fünfundzwanzig Jahre lang die Hochländer der Anden und des Amazonas bereiste und die schamanischen Heilpraktiken studierte, habe ich dieses kurze Meditationsmantra gelernt. Villoldo beschreibt den Kipppunkt, an dem wir vom Einatmen zum Ausatmen übergehen, als den Punkt, an dem wir die Unendlichkeit berühren. Ich finde es eine schöne Vorstellung, dass wir in diesem Moment in die unvorstellbare Unendlichkeit eintauchen. Es ist der Zwischenraum, der Raum der unendlichen Möglichkeiten. Wir suchen die Lücke, das Dazwischen, zwischen zwei Gedanken, zwischen Vernunft und Gefühl, zwischen dem unbewussten Agieren und dem zwanghaften Kontrollieren. Zwischen zwei Atemzügen, zwischen Einatmen und Ausatmen, zwischen Aktion und Reaktion. Jedes System braucht leere Zustände, um sich verändern zu können, beschreibt es der Professor für »Physikalische Chemie« an der Universität von Arkansas, Lothar Schäfer.[31] Der spirituelle Lehrer Eckhart Tolle unterscheidet die horizontale von der vertikalen Dimension. Die horizontale Ebene des Seins beschreibt die oberflächliche Schicht der Wirklichkeit, unsere Alltagsrealität, in der unsere Zeit, Vergangenheit, Gegenwart und Zukunft existieren. Die vertikale Dimension dagegen steht für das Jetzt, für genau diesen Moment. Sie ist die Verbindung mit den Tiefen des Seins. Hier ist die Kunst zu Hause. Die lineare Zeit und der materielle dreidimensionale Raum haben keine Bedeutung.

Seelengymnastik
Atmen

Mache eine kurze (ca. 5 Minuten) Atem-Mediation. Einatmen. Ausatmen. Beobachte einfach deinen Atem. Beobachte den Kipppunkt, wenn du vom Einatmen zum Ausatmen wechselst und andersherum. Du kannst diesen Punkt ausdehnen, indem du für einen Moment das Atmen stoppst. Anschließend male intuitiv ein Bild zu deinem Atem. Lass dich überraschen, was entsteht.

31 Schäfer (2004).

Alles,
was ich bin,
ist mein Atem.

Zusammen sind wir Wald – Bild einer Hochbetagten

Komm in den Wald, denn hier ist Ruhe.
Es gibt keine Ruhe wie die der grünen tiefen Wälder.

John Muir

8. Sehnsucht nach Rhythmus

Im Leben geht es um Rhythmus. Wir vibrieren, und unser Herz pumpt Blut durch den Körper. Wir sind nichts anderes als eine Rhythmusmaschine, beschreibt es der amerikanische Schlagzeuger Mickey Hart. Wir können Rituale und rhythmische Bewegungen nutzen, um Veränderungsprozesse zu bewältigen. Vor allem unsere ältesten Gehirnteile, der Hirnstamm und das limbische System, lieben Rituale, die einem bestimmten vorgegebenen Rhythmus folgen. Der Mandelkern (Amygdala) und der Hippocampus als Teil des limbischen Systems regeln vor allem unsere emotionalen Reaktionen. »Nichts in unserer Psyche bleibt uns mehr verborgen, als die Abläufe in diesen alten Gehirnarealen. Dennoch wirken sie sich drastisch auf unser Erleben und Verhalten und auch auf unsere Emotionen und Gefühle aus. Es sind dieselben Strukturen, die auch dann anspringen, wenn wir uns in der Natur aufhalten. Es ist unser Reptiliengehirn, auch als Stammhirn bezeichnet, und es ist das limbische System, das sich ringförmig um das Reptiliengehirn legt«, so der Biologe Clemens G. Arvay in seinem Buch *Der Biophilia Effekt. Heilung aus dem Wald.*[32] Insbesondere die Entstehung von Angst ist im Mandelkern verankert. Rituale helfen, Angst zu bewältigen und Veränderungsprozesse zu begleiten. »Alle rhythmischen Bewegungen wie Gehen, Laufen oder Rosenkranzbeten wirken sich direkt auf das Gehirn aus und können wahre Glücksgefühle auslösen«, sagt der Hirnforscher Gerald Hüther.[33] Gebetsketten kennen wir aus vielen Religionen. Gemeinsam haben die Gebetsketten die rituelle Wiederholung. Im Buddhismus und Hinduismus ist es die Mala, im Islam die Tesbih und im Christentum der Rosenkranz. In vielen schamanischen Praktiken werden Perlenschnüre aus kleinen Knochen verwendet. Natürliche Rhythmen unterstützen uns, den Würgegriff der Angst zu lockern.

---

32 Arvay (2021, S. 63).
33 Lammert (11/2022, S. 40).

9. Die grüne Couch: Die Natur als Psychotherapeutin

Du kennst die Rhythmen der Natur. Tag und Nacht. Frühling, Sommer, Herbst und Winter. Während die Natur im Frühjahr und Sommer hoch aktiv ist, ruhen Flora und Fauna im Herbst und Winter. Phasen der Ruhe und des Nichtstuns helfen uns, zu unserem inneren Rhythmus zu finden. Wir können eine Art inneren Kompass entdecken, der uns zeigt, was gerade ansteht im Leben, was es zu tun oder eben auch gerade nicht zu tun gibt. Dieses »So-sein-dürfen-wie-man-ist«, sei eines der bekanntesten psychologischen Wirkungen des Aufenthaltes in der Natur, schreibt Arvay.[34] Erst in den Phasen der Ruhe kann sich etwas entfalten und Neues entstehen. Die Natur ist ein Teil von uns und wir sind Teil der Natur. Die Erfahrung des Eingebundenseins ist ein Schlüssel, die Trennung zu überwinden. Durch die Erfahrung der Natur machen wir eine Erfahrung der Wirklichkeit. Aus unserer heutigen industrialisierten Perspektive unterscheiden wir urbane Lebensräume von der Natur. Mit der Natur verbinden wir den ursprünglichen gewachsenen Zustand mit seinen Wäldern und Wiesen, Seen und Bergen. Im Schwingungsraum der Natur sind wir natürlich verbunden mit dem heiligen Raum, der über die Materie hinausgeht. Durch diese Einbettung kommen wir ganz natürlich wieder in Kontakt mit unserer Intuition, die im Körperwissen als Erfahrung gespeichert ist. In der Natur fühlen wir uns verbunden, haben das Gefühl, dass alles am richtigen Platz ist und einen Sinn ergibt. In der Natur können wir einfach nur sein, ohne etwas leisten zu müssen. Wir lassen uns treiben, beobachten die Umgebung, genießen den Moment. Das entspricht unserem ursprünglichen Daseinszustand. Faulenzen, Tagträumen und Nichtstun sind in unserer Gesellschaft keine Tugenden. Wir sind auf Leistung und Handeln trainiert. Achtgeben auf die eigenen Bedürfnisse und das Wahrnehmen der eigenen Gefühle haben viele von uns nicht gelernt. Verlernt haben wir dadurch auch das Wahrnehmen der eigenen und natürlichen Rhythmen im Leben.

In der rhythmischen Bewegung kommt etwas in Bewegung und wird verdaut. Beim Gehen beispielsweise synchronisieren die Hirnhälften, wenn wir

34 Arvay (2021, S. 60).

unsere Arme und Beine ganz selbstverständlich gegenläufig bewegen. Für unsere archaische Verbindung mit der Natur ist das limbische System von ebenso großer Bedeutung«, beschreibt es Arvay. »Waldluft ist ein Heiltrunk zum Einatmen«, ergänzt er.[35] Es ist wissenschaftlich nachgewiesen, dass der Aufenthalt in der Natur positive Einflüsse auf unsere Psyche hat. Unser Immunsystem sei die unsichtbare Antenne des Körpers, so Arvay. Wenn wir uns in den Wald begeben, steht sie auf Empfang. Bei einem regelmäßigen Aufenthalt in der Natur zeigen sich messbare Linderungen bei Angst und Panik, Depression, Burnout oder auch Anpassungsstörungen. Wälder helfen auch gegen Diabetes, Stress und chronische Schmerzen. Waldluft sei ein Heiltrunk zum Einatmen, ergänzt Arvay.[36]

Seelengymnastik
Zeitqualität der Natur

Wie ist die Zeitqualität für dich aktuell? Im Frühjahr bohren sich die Keimlinge von unten nach oben. Die Wurzeln schlagen aus. Alles drängt nach außen. Im Herbst werfen die Bäume ihre Blätter ab, alles zieht sich zurück, wird ruhig. In welcher Jahreszeit bist du gerade? Was macht die Natur? Zieht sie sich zurück? Erwacht sie gerade? Ist sie in voller Blüte? Was kannst du aktuell von ihr lernen? Welche Aufgabe gibt sie dir? Welchen Rhythmus schlägt sie dir vor? Gehst du mit der aktuellen Zeitqualität der Natur? Male ein Bild zur Jahreszeit.

Der künstlerische Ausdruck kann diese intuitiven Prozesse unterstützen. Durch das absichtslose und bewertungsfreie künstlerische Schaffen nehmen wir Kontakt zum »inneren Heiler« auf, jener Instanz, die Selbstheilungskräfte mobilisiert. Wir können die intuitive Seite in uns schulen. Dabei dürfen wir uns auch künstlerisch von der Natur inspirieren lassen und sie als Vorbild nehmen. Wir können auch mit der Natur künstlerisch arbeiten. In

35 Arvay (2021, S. 31).
36 Arvay (2021).

Blumenfamilie – Bild einer Geflüchteten

In den kleinsten Dingen zeigt die Natur die allergrößten Wunder.

Carl von Linné

vielen Traditionen indigener Völker rund um die Welt ist die Praxis von Sandbildern bis heute essenzieller Bestandteil von Heilung. Zur Praxis der Sandbilder erfährst du mehr in Kapitel 22.
Wann hast du zuletzt einen Spaziergang in der Natur gemacht? Wie kannst du einen Aufenthalt in der Natur in dein Alltagsleben integrieren?

Seelengymnastik
Was bewegt dich?

Vielleicht wohnst du in einer Großstadt, vielleicht auf dem Land. Gehe bewusst nach draußen und schaue dich um. Nehme dir dafür mindestens 20 Minuten Zeit.
Wie sieht es aus? Wie schmeckt und riecht es? Welche Jahreszeit ist gerade? Wie ist das Licht? Was hörst du? Was fühlst du? Was bewegt dich? Gibt es etwas, das deine Aufmerksamkeit ganz besonders anzieht? Gibt es etwas, das du mitnehmen möchtest? Du kannst auch ein Foto davon machen.
Hast du einen künstlerischen Impuls, den du aus der Natur mitnehmen und umsetzen möchtest? Male ein Bild zu deinem Naturerlebnis. Gib dem Bild einen Titel.

Wann hast du zuletzt einen Spaziergang in der Natur gemacht?

Wie kannst du einen Aufenthalt in der Natur in dein Alltagsleben integrieren?

10. Co-Kreation mit dem Leben

Johnson – Künstlergruppe für Geflüchtete

Hattest du schon einmal das Gefühl, bei einer Entscheidung irgendwie Hilfe aus dem Universum bekommen zu haben? Gibt es für dich Zeichen und Hinweise darauf? An Bestellungen im Universum habe ich so meine Zweifel. Das erinnert doch sehr an einen Anruf im Asia-Imbiss. Einmal die 82 bitte. Das ist die Perspektive eines individualistisch geprägten Weltbildes, welches suggeriert, dass du dir alles kaufen und bestellen kannst, was du haben willst. So simpel und eindimensional funktioniert unser magisches, universelles Netz nicht. Aber eine Interaktion mit dem Universum im Sinne einer Co-Kreation ist möglich. Denn wir sind Teil dieses Netzes. Keine Bestellung, sondern Verbindung, lautet die Devise. Wir aktivieren unsere Fähigkeit als Mitschöpfer, wenn wir uns bewusst und konkret in die Zukunft hineinträumen, die wir uns wünschen. Das haben längst auch Mentaltrainer für das Coaching für Profisportler und Topmanager übernommen. Gehe mit allen Sinnen hinein in deine Zukunft. »Die Vision sollte sehr konkret sein und der wahren Natur unserer Seele und zumindest einigen Regeln der äußeren Welt entsprechen«, so Pearson.[37] Die Vorstellungskraft hilft uns, Sinn und Schönheit im Leben zu finden. »Der Künstler in jedem von uns ist der Teil, der die ›Wahrheit‹, das Selbst unter der Oberfläche sieht und deutlich macht«, ergänzt Pearson.[38]

Dialog mit dem Leben

So wie wir zwei Formen des Denkens haben, das rationale und das intuitive Denken, so haben wir auch zwei Kanäle der Erfassung der Welt. Die Professorin für Klinische Psychologie an der Columbia University New York, Lisa Miller, nennt es die Top-down- und die Bottom-up-Wahrnehmung.[39] Die Top-down-Wahrnehmung ist uns allen sehr vertraut. Wir setzen uns ein Ziel – das kann der Wunsch nach einem neuen Arbeitsplatz sein – und beginnen zu suchen. Durch die Zielsetzung haben wir einen Filter der Wahrnehmung, der auf dieses Ziel gerichtet ist. Das hat große Vorteile, aber auch Nachteile. Der Vorteil ist, dass wir sehr fokussiert agieren. Wir werden aktiv, packen die Dinge an, gehen den Weg, den wir bewusst eingeschlagen haben. Gleichzeitig schränkt das Ziel unser Wahrnehmungsfeld ein, macht uns blind für alles, das nicht zum Ziel passt. Das Leben lässt sich nicht in vorgefertigten Bahnen lenken.

Wir können aus der Vergangenheit in die Zukunft denken. Die Zukunft hat aber oft ihren eigenen Plan. Die Bottom-up-Wahrnehmung ist eine offenere und gegenwärtigere Art und Weise, die eigene Wahrnehmung zu lenken. Das, was am auffälligsten sei und die größte emotionale Relevanz besitze, springe einem ins Auge, beschreibt es Miller. [40] Wir lassen uns führen von dem, was uns begegnet. Bei dieser Form der Wahrnehmung begegnen uns Synchronizitäten.

Lass das Universum dich formen.

37 Pearson (2019, S. 276).
38 Pearson (2019, S. 279).
39 Miller (2022).
40 Miller (2022, S. 123).

Von Synchronizität spricht man, wenn zwei ursächlich unzusammenhängende Ereignisse für dich einen Sinn ergeben. Aus der Sicht unseres mechanistischen Weltbildes würden wir es als bloßen »Zufall« abtun. Solche Synchronizitäten können sich ganz unterschiedlich zeigen. Du blätterst beispielsweise eine Zeitung durch oder scrollst durch einen Text im Internet und bleibst »zufällig« an einem Satz hängen, der dir die Antwort auf eine dich lange schon beschäftigende Frage liefert. Oder du hörst »zufällig« ein Gespräch in der S-Bahn, das für dich und dein Leben bedeutsam ist.
Ich erinnere mich an eine für mich extrem schwierige Lebensentscheidung, als ich meinen Berufswechsel von ehemals Rechtsanwältin hin zur Kunst- und Gesprächstherapeutin komplettierte. Der berufliche Übergang, der von vielen Aus- und Weiterbildungen sowie einem Studium der Kunsttherapie begleitet war, spielte sich über einen jahrzehntelangen Zeitraum ab. Ich reduzierte meine anwaltliche Tätigkeit immer mehr, gab mein Anwaltsbüro an meine Kollegin ab und arbeitete schlussendlich nur noch zum Broterwerb für insgesamt 9 Std. beim Mieterverein. Diese finanzielle Basis sicherte mir einen Teil meines nötigen Grundeinkommens. Meine Devise: besser als im Supermarkt an der Kasse. Trotz dieser überschaubaren Wochenstunden drängte sich mir der Gedanke auf, dass ich diesen Job nicht mehr machen kann. Mein Verstand sagte mir: »Bist du völlig verrückt geworden, das sind nur 9 Stunden in der Woche, das ist gar nichts. Und damit erzielst du ein kleines Grundeinkommen. Wovon willst du leben, wenn das wegfällt?«. Mein Gefühl und auch mein Körper schrien immer lauter: »Ich kann da auf gar keinen Fall mehr hingehen.« Ich kämpfte über Monate mit diesen zwei Polen in mir. Ich bewarb mich initiativ und auf interessante kunsttherapeutische Stellen. In meinem Tagebuch schrieb ich: »Alle Bewerbungen klappen nicht. Alles läuft ins Leere«. Ich quälte mich weiter zum Mieterverein. Ich bat um eine dreimonatige Auszeit. Je näher das Ende dieser Pause rückte, desto klarer wurde mir, dass ich nun bald wieder rechtsberaten würde müssen. Es rumorte und rebellierte weiter in mir. Gleichzeitig hatte ich riesige Angst, den Schritt zu gehen und zu kündigen.

Geschehen lassen, was geschehen will.

Und dann geschah folgendes: An einem kalten Dezembertag kurz vor Jahresende fuhr ich zu Freunden. Beim Einfahren in eine Parklücke steuerte ich direkt auf ein Fenster in einer Souterrainwohnung zu. Dort hing ein Plakat, das mich in seinen Bann zog. »JUST DO IT«, las ich in riesengroßen Buchstaben. Es traf mich wie ein Blitz in mein Herz. Ich hatte plötzlich eine innere Klarheit, wie ich sie lange im Leben nicht gehabt hatte. Es lag kristallklar vor mir. Ich musste kündigen. Jetzt.

In meinem Tagebuch von damals habe ich notiert: »Ich habe es getan, die Kündigung eingeworfen. Schon spüre ich die Kräfte, die bei großen Veränderungen entstehen: den Wunsch, es ungeschehen zu machen, und den Wunsch, es zu beschleunigen. Schnell durch die Ungewissheit durch. Ich habe Angst, nein Panik!«. Mir kamen ernsthaft die Gedanken, den Brief irgendwie wieder aus dem Briefkasten rauszuholen oder ihn beim Mieterverein abzufangen. An dieser Entscheidung hing so viel. Mit dieser Entscheidung ließ ich meine ganze juristische Laufbahn für immer hinter mir, Studium, Referendariat, Anwaltstätigkeit. Alles. Ich hatte mir zwar schon einiges parallel zu der Beratung beim Mieterverein im kunsttherapeutischen Bereich aufgebaut. Aber es reichte lange nicht, um davon zu leben. Doch dann passierten die Wunder. »Zufällig« wurde ich von einem Ausbildungsinstitut für Kunsttherapie angeschrieben, ob ich Lust hätte, dort zu unterrichten. Ich liebe Unterrichten! »Zufällig« sah ich eine Stellenanzeige in einer Zeitung, die zwar nicht zu mir passte, mich aber auf das neue Seniorenheim in meinem Bezirk aufmerksam machte, bei dem ich mich initiativ für eine wöchentliche Kunsttherapiegruppe bewarb. Ich bekam die Gruppe. Und so ging es weiter. Die Türen öffneten sich. Wenn wir unsere Bottom-up-Aufmerksamkeit trainieren, werden wir immer aufmerksamer für solche Synchronizitäten.

Für alle Skeptiker: Es hat kein übernatürliches Wesen das Schild mit der Botschaft absichtlich vor mein Auto gehängt. Vielmehr geht es bei der Bottom-up-Wahrnehmung darum, wohin sich der Fokus der Aufmerksamkeit richtet. Was zieht mich an? Womit gehe ich in eine starke Resonanz? Was fühlt sich richtig an? Was fällt mir auf? Was hat eine tiefere Bedeutung für mich? Bei mir war es dieses Schild direkt vor meinen Augen, so, als hätte es jemand dort für mich platziert. In diesem Moment wusste ich es einfach, dass es richtig ist. Es war ein tiefes inneres Wissen, das an meinem Verstand vorbeigehuscht ist. Unser Verstand sagt uns: Such dir *erst* was Neues und kündige *dann*. Das ist die Top-down-Herangehensweise. Und die ist auch vernünftig. Aber manchmal funktioniert es nicht. Die intuitive Führung agiert genau andersherum. Beides ist wichtig und richtig. Nur ist uns in unserer Welt das Fließen mit dem Lebensstrom verloren gegangen. Wir müssen diesen »Wahrnehmungsmuskel«, wie ihn Miller treffend nennt, wieder stärken.[41] Je offener wir für Synchronizitäten sind, desto mehr nehmen wir das Leben als kreativen, schöpferischen Akt wahr.

Hellsehen kann jeder

Neben der Aufmerksamkeit für Synchronizitäten geht es um eine vertiefte Wahrnehmung deiner Intuition, um die Bottom-up-Wahrnehmung zu aktivieren. Die Intuition ist angebunden an unser wahres Selbst, unseren inneren Kern. Sie ist der Leitstern für unseren Seelenweg. Intuitive Impulse sind kristallklar und wertneutral.

»Fakt ist: Es gibt einen schwingenden, vibrierenden Teil von uns, den wir nicht unter dem Mikroskop betrachten können – ähnlich einem Gedanken oder einer Emotion, die ebenfalls nicht sichtbar sind, von denen wir aber wissen, dass sie existieren. Und das bringt uns auf den Punkt, was mit Herzintelligenz eigentlich gemeint ist: Dabei handelt es sich um einen Fluss intuitiver Informationen zu unserem größeren Selbst – ein energetisches System, das wir (noch) nicht sehen können, das aber dennoch real ist. Und unser Herz fungiert wie eine Art Empfänger, der dieses schwingende Selbst in die menschliche Physiologie überträgt«, so der Herzforscher Dr. Rollin McCraty.[42] Der Biologe Rupert Sheldrake betrachtet die Spiegelneuronen als eine Art »Zweithirn«, mit dem Informationen im Quantenfeld ausgetauscht werden. Er konstatiert, dass der Intuition immer eine Art von Verbundenheit mit einem höheren Bewusstsein zugrunde liege. Das durch die Intuition vermittelte »innere Wissen« entspringt diesem höheren Selbst.[43]

Die Intuition kann sich in Körpersensationen zeigen. Du kannst eine leichte Gänsehaut oder einen Schauer wahrnehmen. Manchmal fühlt es sich an wie ein »Öffnen« oder »Schließen« im Herzraum. Unwohlsein oder Übelkeit im Zusammenhang mit einer bestimmten Situation, Person oder Lebensfrage ist ein Seismograf dafür, dass dir etwas nicht guttut. Ich habe dir von meiner körperlichen Abwehrreaktion gegen die anwaltliche Arbeit berichtet, die mich schlussendlich zur Kündigung gebracht hat. Mein Körper wusste

41 Miller (2022, S. 123).
42 Lieber im Interview mit Dr. Rollin McCraty in: Natur & Heilen (12/2022, S. 15).
43 Sheldrake (2010).

lange vor meinem Verstand Bescheid, dass es vorbei ist. Ich hatte mich nur nicht getraut, diese Gewissheit umzusetzen.

Angst und Wunschdenken sind Verunreiniger für die Intuition.

Deine Intuition ist nicht zu verwechseln mit einem unguten Gefühl, das sich aus deinen Erfahrungen, Verletzungen und Traumata ergibt. Angst und Wunschdenken sind Verunreiniger für die Wahrnehmung der Intuition. Je mehr du emotional involviert bist, desto weniger wirst du deine Intuition spüren. Die Quelle der Intuition liegt tief in dir und deiner Körperweisheit verborgen. Sie mag die Stille und das Vertrauen. Sie liebt die Schönheit der Welt. Sie ist mit dem Universum aus Licht verknüpft. Je aufmerksamer wir werden, desto müheloser können wir die Botschaften der Intuition entschlüsseln.

Ich möchte dir einen groben Überblick geben, über welche Wahrnehmungskanäle sich dir die Intuition gern zeigen möchte.

Hellsehen: Das wache Auge

Während wir mit unseren körperlichen Augen nach außen ins Licht schauen, blickt das wache Auge nach innen. Das Unkalkulierbare, das sich in dieser unsichtbaren Welt verbirgt, macht vielen von uns Angst. Dort, wo es im Außen hell ist, können wir genau hinschauen, die Umgebung kontrollieren und Gefahren erkennen. Im Dunkeln dagegen musst du auf die Intuition vertrauen, die Kontrolle abgeben, dich führen lassen. Im Schutze der Dunkelheit ist alles verborgen, verhüllt, verdeckt, ummantelt und umhüllt. Genau hier kann das wache Auge besonders gut sehen. Das Sehen mit dem inneren Auge verschafft Durchblick in der Dunkelheit. Es kann sich ganz unterschiedlich zeigen. Es gibt Menschen, die sehen tatsächlich etwas im Außen, so als sei es in der Alltagsrealität sichtbar. Andere sehen im Inneren durch innere Bilder. Das können wir alle. Und wenn du glaubst, du könntest das nicht, dann tue einfach so, *als ob* es ginge. Das hilft (fast) immer.

Du nimmst das Hellsehen wahr als:

- ein abstraktes Bild oder Symbol (Vertiefungsfrage: Wenn es ein Symbol wäre, was wäre es?),
- ein Bild, das sich über eine Erinnerung zeigt (woran erinnert dich das?),
- den »wörtlich« zu nehmenden visuellen Eindruck (innere oder äußere visuelle Eindrücke, eine Person, ein Gegenstand, eine Situation etc.),
- eine Vorahnung in Form von Visionen oder auch Träumen.

Diese Wahrnehmung lässt sich mit dem künstlerischen Ausdruck sichtbar machen. Das Kunstwerk schafft eine manifeste Form, die die fluide Wahrnehmung einfängt und ergänzt. Beim Malen müssen wir uns nicht eins zu eins an unser inneres Bild halten, wir können auch einfach ein Element auswählen, das unsere Aufmerksamkeit anzieht.

Hellhören: Die innere Stimme

Deine Ohren können nach außen und nach innen lauschen, um deine innere Stimme zu hören. Nicht zu verwechseln ist *deine* innere Stimme mit den »Über-Ich«[44] Stimmen, die dir als Glaubenssätze vermittelt wurden. »Das kannst du nicht, das darfst du nicht«. Wir alle kennen diese alten Ver- und Gebote (siehe Kapitel 20). Das ist nicht deine Seelenstimme, die da spricht. Du kannst deine Stimme wiederentdecken, indem du in dich hineinhorchst und dem hauchzarten Wispern lauschst. Dieses Zuhören ist eine Fähigkeit des Herzens.

Wahrnehmbar werden beispielsweise:

- Sätze, Worte oder andere Bedeutungen »zwischen den Zeilen«,
- ein Klang oder Lied, das Erinnerungen weckt oder/und Einsichten und Informationen vermittelt,
- Selbstgespräche, bei denen man bedeutungsvolle Echo-Antworten erhält,
- Antworten im Geist, zum Beispiel auf eigene Fragen oder Fragen von anderen.

---

44 Nach dem Modell von Sigmund Freud.

Hellfühlen: Das Bauchgefühl

Die Intuition kannst du als Bauchgefühl spüren, das dir sagt, dass etwas nicht stimmt, auch wenn dein Verstand widerspricht. Unser Bauch ist wie ein wissendes Wesen. »In unserem Bauch residiert ein gigantisches Nervensystem, das im ständigen Austausch mit dem Gehirn steht. Deshalb fühlen wir so viele Emotionen so intensiv im Bauch«, so Ilgen.[45] Das Sonnengeflecht aus Fasern und Knoten ist mit dem vegetativen Nervensystem verbunden. In älteren medizinischen Aufzeichnungen wird der Solarplexus aufgrund seiner Funktion auch als Unterleibsgehirn bezeichnet. Der Solarplexus gilt als Energiezentrum, das am engsten mit der Kreativität und den Emotionen verbunden ist. In der Metaphysik östlicher Glaubenssysteme ist das Sonnengeflecht der Bereich, an dem spirituelle und körperliche Welten zusammentreffen.

Inneres Wissen

Kennst du das? Plötzlich weiß man, was richtig ist. Manchmal fühlt es sich an wie Zauberei oder wie ein Zustand von tiefer Inspiration. Es geht über uns selbst hinaus. Es ist ein Eintauchen in ein größeres Bewusstseinsfeld, das uns nährt und informiert. Das lässt sich nicht mit dem Verstand erklären oder nachvollziehen. Das Wissen ist einfach da. Es ist mehr ein Fühlen, eine Erfahrung, ein Gefühl von purer Klarheit. Oft stellt sich dieses innere Wissen ein, wenn man gar nicht mehr weiter weiß, alles zusammenzubrechen droht, sich der Abgrund auftut. Der Verstand kollabiert. Das innere Wissen bringt Informationen, die aus einer »nicht-linearen« Welt kommen.

Wie nimmst du deine Intuition wahr?
Gehe auf eine Abenteuerreise und beobachte dich.

---

45 Ilgen (2019, S. 16).

Glücklicher Emoji – Künstlergruppe für Geflüchtete

Sei der Grund, dass heute jemand lächelt.

11. Mini-Theorie der psychologischen Grundbedürfnisse

Wir widmen uns nun den psychologischen Grundbedürfnissen. Sie haben sehr viel damit zu tun, ob und wie du für dich sorgst. Verhalten, das zur Befriedigung der Grundbedürfnisse beiträgt, unterstützt die persönliche Entwicklung. Wenn du deine Grundbedürfnisse im Auge hast, dann bist du auch im Mitgefühl mit dir selbst. Es gibt verschiedene Modelle zu den psychologischen Grundbedürfnissen. Die Bedürfnispyramide von Abraham Maslow und das Werte- und Entwicklungsmodell von Clare Graves sind die vielleicht bekanntesten Theorien. Wenn dich das Thema vertiefend interessiert, kann ich dir vor allem das Modell von Clare Graves, weiterentwickelt von Don Beck und Christopher Cowan zur »Spiral Dynamics« sehr empfehlen.
Ich möchte dir hier ein wichtiges und praxisfreundliches Modell von Richard M. Ryan und Edward L. Deci vorstellen, das die Grundbedürfnisse auf nur drei Komponenten reduziert, nämlich Selbstwirksamkeit, Verbundenheit und Autonomie:

(1) **Selbstwirksamkeit – Raus aus der Opferrolle**

Selbstwirksamkeit bedeutet, dass du daran glaubst, gezielt Einfluss auf die Dinge und die Welt nehmen zu können. Du bist nicht Opfer der Umstände, sondern kannst aktiv werden und handeln. Dem wichtigen Thema Selbstwirksamkeit schenke ich ein eigenes Kapitel (19. 4.).

(2) **Verbundenheit – Ich bin nicht allein**

Verbundenheit assoziieren wir mit Halt, Verständnis, Geborgenheit, Sicherheit und Zugehörigkeit. Auch die bedingungslose Liebe, die sagt – *du darfst so sein, wie du bist* – gehört dazu. Wir fühlen uns nicht getrennt von anderen und uns selbst, wenn sich das nährende Gefühl der Verbundenheit ausbreitet. Diese Sehnsucht nach Verbundenheit ist eine nach unserem ursprünglichen Sein. Das Gefühl von Verbundenheit ist eine äußerst persönliche und individuelle Perspektive. Jeder Mensch hat bestimmte Vorstellungen von sozialen Verbindungen. Bindung meint die Anerkennung, Zugehörigkeit und Verbundenheit mit anderen. Der Gegenspieler zum Eingebundensein ist die Isolation. Wir schwingen zwischen den Polen des Alleinseins, das mit dem Bedürfnis nach Autonomie korrelieren kann, und der Abhängigkeit, die uns in der Eigenständigkeit einschränken kann. Für viele Menschen liegt genau hier ein Problem, nämlich eine gute Balance zwischen Nähe und Distanz, Abhängigkeit und Freiheit zu finden.

(3) **Autonomie – Ich bin frei**

Autonomie bedeutet, dass ich das eigene Handeln selbst steuern kann und mich nicht einschränken oder bevormunden lasse. Ich bestimme was, wie lange, wie nicht, mit wem, mit wem nicht. Das bedeutet auch, dass ich Grenzen setzen kann. Bis hierhin und nicht weiter. Zum Grenzen setzen gehört, dass du deine Emotionen spürst, ihnen Ausdruck verleihen und deine Bedürfnisse authentisch formulieren kannst. Der gegenteilige Pol ist die Abhängigkeit. Bei toxischen Familienstrukturen werden Kinder in ihrem Bedürfnis nach Autonomie oft unterdrückt. Die erlernte Hilflosigkeit wirkt lebenslang nach, wenn wir uns dieser Strukturen nicht bewusst werden. Hier sehen wir, wie die Grundbedürfnisse zusammenwirken. Ein Verlust der Autonomie führt zu Ohnmachtsgefühlen, also dem Gegenteil von Selbstwirksamkeit.

Der Hirnforscher Gerald Hüther reduziert die beschriebenen Grundbedürfnisse noch weiter auf nur zwei Faktoren, nämlich Autonomie und Verbundenheit.[46] »Der Drang eines Menschen, diese Grundbedürfnisse zu befriedigen und sich so im Sinne der Selbstaktualisierung zu entwickeln, wirkt gleichsam wie ein Motor des individuellen Verhaltens. Verhalten, das zur Befriedigung der Grundbedürfnisse beiträgt, unterstützt persönliche Entwicklung, Selbstaktualisierung und Wohlbefinden«, konstatiert Blickhan.[47] Selbstaktualisierung beschreibt eine dem Menschen innewohnende Kraft

---

46 Gerald Hüther über die Folgen von Lieblosigkeit, https://www.weils-hilft.de/gesund-leben/gerald-huether-ueber-lieblosigkeit-und-krankheit (14.4.2023).

47 Blickhan (2015, S. 116).

zu Wachstum und authentischer Selbstverwirklichung. Wenn Menschen in der Befriedigung ihrer Grundbedürfnisse ausbalanciert sind, dann fühlen sie sich gut mit sich selbst. In der aktuellen Lebenswirklichkeit bedeutet das: Du kannst Grenzen setzen, dich auf jemanden einlassen, ohne in die Abhängigkeit zu rutschen, du kannst deine Bedürfnisse artikulieren, Dinge selbst anpacken und auch allein sein mit dir.

Innere Leere ist eine Heißhungerattacke nach Sinn im Leben.

Sind unsere Grundbedürfnisse dagegen nur ungenügend erfüllt, dann werden wir zunehmend unzufrieden und frustriert. Wir verlieren die Lust an dem, was wir tun, werden antriebslos und kompensieren die innere Leere mit Ersatzbefriedigungen. Die innere Leere ist eine Heißhungerattacke nach Sinn im Leben, Selbstkontrolle und Ganzheit. Alkohol, Rauchen, Drogen, exzessives Kaufen oder auch Glücksspiele sind Fast Food für die Seele. Diese Substitute könne das Völlegefühl im seelischen Bauch nicht lange halten. Die Befriedigung währt nur kurz. Süchte, Essstörungen, Depressionen und andere psychische Beeinträchtigungen können folgen.
Du kannst für dich überprüfen, wie du die Erfüllung dieser Grundbedürfnisse in deinem Leben einschätzt. Es sind keine starren Zustände. Wichtig ist, eine gewisse Schwingungsfähigkeit zwischen den Polen zu erhalten. Je mehr du nach deinen (Grund-)Bedürfnissen handelst, desto größer ist deine innere Motivation. Deine Grundbedürfnisse bestimmen deine Motivation. Motivation kann verschiedene Ausgangspunkte haben. Das Handeln kann von außen oder innen motiviert sein.
Hier siehst du eine kurze hierarchische Hitliste der Motivation:

- **Du handelst ohne inneren Sinn und ohne Freude am Tun**. Die Motivation besteht darin, Strafe zu vermeiden oder Belohnung zu erhalten. Der Satz dazu könnte lauten: »Ich muss, sonst …«. Bei mir ist es die Steuererklärung, die ich vorbereiten muss. *Was tust du nur deshalb, weil du es tun musst?*

- **Handeln aus Schuld, Scham oder Furcht vor Bestrafung.** Der Satz dazu könnte lauten: »Ich sollte das tun …«. Viele von uns kennen solche Handlungsmotivationen. Subtile Schuldzuweisungen lernen wir schon in der Kindheit. Beispiel: »Ich muss meine Mutter anrufen, sonst ist sie wieder sauer auf mich«. *Was tust du nur deshalb, weil du sonst Schuldgefühle bekommst, dich schämst oder Angst hast, dass du bestraft wirst?*

- **Handeln aus inneren Motiven, Werten und Zielen.** Der Satz dazu könnte lauten: »Ich will, weil es mir wichtig ist …«. Du bist beispielsweise Klimaaktivistin und gehst zur nächsten Demonstration, auch wenn du dafür sehr früh aufstehen musst. *Was tust du, weil es dir wichtig ist?*

- **Handeln aus purer Freude am Tun.** Du machst etwas einfach nur so, ohne dass du dafür etwas bekommst, erreichst, verdienst. Diese Art des Handelns führt uns oft in Flowzustände. Das kann beispielsweise musizieren sein oder malen. Was ist es bei dir? *Was tust du einfach nur so, weil es dein Herz berührt?*

Be Happy – Bild von Alea aus dem Kinderatelier

Be Happy

12. Lebenssinn in Schubladen

> *»Was ist der Sinn des Lebens?«*
> *Sie runzelt die Stirn.*
> *»Im Ernst?«*
> *»Klar«, sage ich.*
> *»Das Leben ist ein Rätsel«, sagte sie. »Und das ist auch gut so. Ich glaube, es gibt einen Grund, weshalb wir nicht so genau wissen, weshalb wir hier sind. Ich glaube, es wäre fürchterlich, wenn wir es wüssten. – Und es wäre furchtbar langweilig.«*

Aus dem Roman »Die Kunst des Verschwindens« von Melanie Raabe.[48]

Sinn des Lebens und Lebenssinn sind zwei paar Schuh. Den Sinn des Lebens werden wir wohl nie ganz ergründen können. Anders ist es mit dem persönlichen Lebenssinn. Fest steht, dass nur du für dich die Frage beantworten kannst, was deinem Leben Sinn verleiht. Wenn wir uns die Sinnfrage stellen und für uns beantworten können, dann folgen wir dem natürlichen Rhythmus unseres Lebens und nicht den Zwängen und Erwartungen anderer. Lass die Fragen auf dich wirken, ohne sie zu beantworten. Du wirst merken, dass dich einige Fragen mehr anziehen als andere.

- Was ist mir wichtig?
- Was erfüllt mich?
- Was macht mich wirklich glücklich?
- Was nährt mich?
- Welche Menschen nähren mich?
- Was gibt mir Kraft?
- Worauf möchte ich mich noch mehr fokussieren?
- Wie kann ich mein Leben mehr genießen?
- Wie ist meine Beziehung zu materiellen und ideellen Werten?
- Was im Leben ist für mich wirklich wertvoll?
- Was muss ich unbedingt gemacht haben, bevor ich sterbe?
- Übernehme ich gern Verantwortung für die Gemeinschaft und das größere Ganze?

---

48 Raabe (2022, S. 250).

- Für was setze ich mich von Herzen ein?
- Für wen oder was erhebe ich meine Stimme?
- Was bedeutet Familie für mich?
- Wie wichtig sind mir meine Entwicklung und mein Wachstum?
- Lebe ich meine Potenziale voll aus?
- Welche Spuren will ich auf dieser Welt hinterlassen?
- Welche Potenziale will ich ausleben?
- Was bedeutet Freiheit für mich?
- Was bedeutet Ungebundenheit und Unabhängigkeit für mich?
- Welchen Herausforderungen will ich mich stellen?
- Was bedeutet es mir, Ziele zu erreichen?
- Wie neugierig bin ich?
- Hinterfrage ich die Dinge und will sie verstehen?
- Wofür kämpfe ich?
- Wie mächtig bin ich?
- Was halte ich von Macht?
- Lerne ich gern Neues?
- Bin ich gern kreativ?
- Was will ich gestalten?
- Vertraue ich auf Wissenschaft und rationale Argumente?
- Wie wichtig sind mir Werte und die Einhaltung von Werten?
- Was bedeuten mir Gemeinschaft und Beziehungen?
- Welchen Stellenwert haben Spaß und Humor für mich?
- Welche Bedeutung hat Harmonie in meinem Leben?
- Lebe ich bewusst und achtsam?

»Der Sinn des Lebens besteht darin, deine Gabe zu finden.
Der Zweck des Lebens ist, sie zu verschenken.«

Pablo Picasso

Tatjana Schnell unterscheidet verschiedene Dimensionen – man könnte es auch Schubladen nennen –, von sinnstiftenden Lebensbedeutungen. Schubladendenken ist besser als sein Ruf. Es schafft Ordnung im Kopf, es gibt uns Klarheit und wir können Muster erkennen. Schubladen können auch sperrig sein, verzogen oder klemmen. Die Schubladen in unserem Kopf können wir dafür nutzen, um zu ordnen, nicht aber um etwas für immer darin einzusperren. Die Kunst ist also, die Schublade immer mal wieder aufzuziehen und nötigenfalls umzusortieren. Wenn wir uns nun mit einer psychologischen Forschung beschäftigen, dann sollten wir das im Hinterkopf behalten. Als die wichtigsten Sinnstifter für Menschen identifizierte Schnell in ihrer Forschung mehrere Bereiche, die ich dir in der Übersicht »Sinnstifter« vorstelle.[49]

Sinnstifter

Selbsttranszendenz
Verantwortungsübernahme für etwas, das nicht unmittelbar der eigenen Bedürfnisbefriedigung dient

Vertikale Selbsttranszendenz
im Sinne von »Verbindung nach oben«: Religiosität bzw. Spiritualität

Horizontale Selbsttranszendenz
im Sinne von Verbindung zum irdischen Ganzen: Soziales Engagement, Naturverbundenheit, Selbsterkenntnis, Gesundheit, Generativität[50]

Selbstverwirklichung
Selbstbestimmung und Selbstoptimierung

Herausforderung
Individualismus
Macht
Entwicklung
Leistung
Freiheit
Wissen
Kreativität

49 Schnell (2020, S. 71).

50 Generativität bedeutet: Tun oder Erschaffen von Dingen von bleibendem Wert. Dazu gehört auch Familiengründung, eigene Kinder bekommen.

Ordnung
Werteorientierung und Pragmatismus

Tradition
Bodenständigkeit
Moral
Vernunft

Wir- und Wohlgefühl
Erhalt und Förderung des eigenen und gemeinschaftlichen Wohlbefindens

Gemeinschaft
Spaß
Liebe
Wellness
Fürsorge
Bewusstes Erleben (Achtsamkeit)
Harmonie

Nimm die grobe Einordnung als Inspiration für dich. Wenn du dir 4–5 Sinnstifter heraussuchen dürftest, welche wären das? Du kannst dir auch eine Hitliste erstellen, indem du die einzelnen Sinnstifter in einer Reihenfolge ordnest. Was steht ganz oben, was ist von besonderer Bedeutung? Was ist weniger bedeutend in deinem Leben? Aus welchen Bereichen kommen deine Sinnstifter? Erkennst du einen roten Faden? Gibt es eine gemeinsame Überschrift, ein Motto?
Als ich diese Übung gemacht habe, kamen mir als Motto die Sätze »Etwas in Bewegung bringen« und »meine Stimme erheben«. Wie lautet deine sinnstiftende Botschaft für dein Leben?

Seelengymnastik
Sinnstifter

Was gibt dir Sinn im Leben? Nimm die grobe Einordnung in der Tabelle als Inspiration für dich. Wenn du dir 4–5 Sinnstifter heraussuchen dürftest, welche wären das? Wenn du für deine Sinnstifter ein Plakat malen würdest, wie würde es aussehen? Wenn du dein Lebens-Motto in einem Bild festhalten könntest, wie würde es aussehen?

Verstehen kann man das Leben rückwärts;
leben muss man es aber vorwärts.

Søren Kierkegaard

Lebendig begraben

»Lebendig begraben zu werden, ist ohne Frage die grauenvollste aller Martern, die je dem Sterblichen beschieden wurde. Daß es häufig, sehr häufig vorgekommen ist, wird von keinem Denkenden bestritten werden. Die Grenzen, die Leben und Tod scheiden, sind unbestimmt und dunkel. Wer kann sagen, wo das eine endet und das andere beginnt? Wir wissen, daß es Krankheitsfälle gibt, in denen ein völliger Stillstand all der sichtbaren Lebensfunktionen eintritt, und dennoch ist dieser Stillstand nur eine Pause, nur ein zeitweiliges Aussetzen des unbegreiflichen Mechanismus. Einige Zeit vergeht – und eine unsichtbare, geheimnisvolle Ursache setzt die zauberhaften Schwingen, das gespenstische Räderwerk wieder in Bewegung. Die silberne Saite war nicht zerrissen, der goldene Bogen war nicht unrettbar zerbrochen. Wo aber war währenddessen die Seele?«

Auszug aus: Edgar Allan Poe[51]

51 Edgar Allan Poe (1922, S. 193).

13. Die Weisheit der Wunde

Ich weiß nicht mehr, ob ich die Geschichte von Edgar Allan Poe »Lebendig begraben« vor oder nach meiner schweren Erkrankung gelesen hatte. Im Jahre 1979, mit 14 Jahren, erkrankte ich an dem Guillain-Barré-Syndrom, einer schweren Autoimmunerkrankung. Folgen dieser Erkrankung sind entzündete Nervenwurzeln im Rückenmark, durch die die Nervenfasern beschädigt werden. Die Lähmungen der Muskulatur breiteten sich in nur wenigen Tagen über den gesamten Körper aus. Ich war komplett gelähmt, nur noch ein lebender Stein, lebendig begraben, in mir selbst eingeschlossen, locked-in. Ich habe dazu ein eigenes Buch geschrieben, *Lebendig begraben: Guillain-Barré-Syndrom: Krankheit als biografisches Ereignis*, in welchem ich auch das Thema Trauma ausführlich erörtere.[52]

Eine traumatische Erfahrung wird in der Zeit eingefroren.

Gewalt, Missbrauch, Lieblosigkeit, Vernachlässigung. Es gibt unzählige Ereignisse, die uns überwältigen können. Oft gehen sie bis in die frühe Kindheit zurück. Auch kollektive Traumata wie Krieg, Terror oder Flucht erfordern Überlebensstrategien, um mit den Ohnmachtsgefühlen fertig zu werden. Wir trennen uns vom Fühlen ab, um zu überleben. Kopf und Herz sind nicht mehr in Kontakt, sie führen ein Eigenleben. Die Gefühle werden in den Keller verbannt. Der Kopf übernimmt das Kommando. Traumatische Erlebnisse versetzen uns in extreme Angst und Hilflosigkeit. Bei solchen Extremerfahrungen versagen normale Anpassungs- und Bewältigungsstrategien. Eine traumatische Erfahrung, die wir nicht bewältigen können, wird in der Zeit eingefroren. Sie umhüllt uns wie eine innere Zwangsjacke.

Sinn im vermeintlich Sinnlosen finden.

Im Zusammenhang mit der Frage nach dem Lebenssinn, mit dem wir uns im vorherigen Kapitel beschäftigt haben, drängt sich für viele die Frage auf, warum einige Menschen mehr als andere verletzt worden sind in ihrem Leben. Gewalt, Missbrauch. Vernachlässigung, Folter, schwere Krankheit. Wie kann ich mit solchen Erfahrungen noch einen Sinn im Leben finden?

---

52 Das Buch erscheint 2024.

Warum ich? Und wie soll ich diesen Schmerz, das erfahrene Leid überwinden? Ich habe lange, vielleicht Jahrzehnte gebraucht, um herauszufinden, welche Weisheit sich hinter dem Grauen der Erkrankung und meiner damit verbundenen toxischen Familienstruktur verstecken könnte. Anfänglich schien mir diese Frage gar zynisch. Das wird vielen so gehen, die eine traumatische Erfahrung durchgemacht haben. Es ist wichtig, dass wir zunächst einmal das Trauma verarbeiten, uns auf das Leiden einlassen, bevor wir es transformieren können. Eine Traumafolgestörung braucht professionelle Unterstützung. Gleichzeitig glaube ich daran, dass wir alle auch eine »innere Therapeutin« (siehe Kapitel 21.2) haben, die uns auf dem Weg der Heilung begleiten kann. Heute würde ich resümieren, dass ich durch mein traumatisches Erlebnis durch meine Erkrankung, dem eine lieblose Kindheit mit emotionaler Vernachlässigung vorausgegangen war, besonders gut den tiefen Schmerz anderer Menschen spüren, halten und bezeugen kann. Ich habe keine Berührungsangst vor Schmerz und Leid. Ob Gewalterfahrungen, von denen mir Frauen in meinen Gruppen berichten oder Foltererlebnisse, die mir Geflüchtete erzählen, ich kann den Schmerz mitfühlen und bezeugen. Mich zieht es in die dunklen Ecken, um dort den Schatz zu bergen, das verschüttete Potenzial zu heben. Mein Credo lautet »Licht ins Dunkel bringen«.

Was ist deine größte Wunde?

Welche Weisheit könnte sich dahinter verstecken?

Was könnte der höhere Sinn dahinter sein?

Was kannst nur du, weil du diese Erfahrung gemacht hast?

Was ist das Geschenk, das die Wunde bereithält?

Welche Perspektiven in deinem Leben haben sich verändert?

Was ist gewachsen und gereift?

Lass diese Fragen auf dich wirken.

Die Fragen wirst du vielleicht nicht auf Anhieb beantworten können. Stelle sie dir trotzdem. Albert Einstein meinte: »Wenn ich eine Stunde Zeit hätte, ein Problem zu lösen und mein Leben davon abhinge, würde ich die ersten 55 Minuten nur damit verbringen, die richtige Frage zu finden«.

- Fragen sind wichtiger als Antworten.
- Fragen bieten dir die Chance zu wachsen.
- Fragen führen zu neuen Fragen und stimulieren deine Kreativität.
- Fragen schützen uns vor einem eingeschränkten Blick.
- Fragen markieren Wendepunkte in deinem Leben.
- Fragen erweitern deine Perspektive.
- Fragen vergrößern den Platz im Kopf.
- Fragen geben dir die Richtung vor, in die du gehen willst.
- Fragen sind ein Navigationsgerät im Universum.
- Fragen führen dich.

Die Antworten werden dich ganz von selbst finden. Sie kommen zu dir. Zeit spielt dabei keine Rolle. Eine Hexe, die mit der Quelle verbunden ist, weiß, dass alle ihre Fragen beantwortet werden.

Du weißt, ohne zu wissen.

Terror – Bild eines Geflüchteten aus Afghanistan

Kollektive Traumata entstehen etwa durch Krieg, Flucht, Folter, Vergewaltigungen, Terror.

Wie soll man hinter einem traumatischen Erlebnis einen Sinn finden?

Wenn du dir solche Fragen stellen willst, dann soll es das Erlebte mit seinen gravierenden Folgen nicht schmälern, verdrängen oder beiseiteschieben. Im Gegenteil. Was du erlebt hast, bleibt für immer deine Geschichte. Kriege, Fluchterfahrungen oder Terroranschläge können sogar ganze Gesellschaften traumatisieren.

Du bist fragil, verletzlich, empfindsam und anfällig für Störungen und ein wunderbares Geschöpf, das die Fähigkeit hat, Heilungsprozesse positiv zu beeinflussen. Dazu dient dein Selbstmitgefühl. Die Professoren für Psychologie Richard G. Tedeschi und Lawrence G. Calhoun haben durch Forschungen herausgefunden, dass durch die Bewusstwerdung der eigenen Verletzlichkeit das Gefühl der inneren Stärke wachsen kann.[53] Viele Betroffene erleben nach der Integration traumatischer Erfahrungen eine Intensivierung der Wertschätzung für das Leben und ihre Beziehungen. Die Prioritäten und Perspektiven ändern sich. Kleine, alltägliche Dinge gewinnen an Bedeutung. Materielle Dinge verlieren an Wert. Eine Reflexion über den Lebenssinn und eine spirituelle Verbundenheit mit dem größeren Ganzen führt zu mehr Tiefe und Zufriedenheit im Leben. Aus dieser Forschung ist der Begriff posttraumatisches Wachstum entstanden. In der Seelengymnastik »Dialog mit meiner Maske« kannst du eine Anleitung finden, wie du dieses Wachstum wachkitzeln kannst (S. 154).

---

53 Tedeschi, Calhoun (1995).

Mit einem Auge sieht man besser – Thomas Timm www.thomastimm.co

14. Speed Dating mit der Angst

Professor Lupin, Lehrer in der Zauberschule Hogwarts, fragt die Klasse im Fach Verteidigung gegen die dunklen Künste: »Nun, die erste Frage, die wir uns stellen müssen, lautet: Was ist ein Irrwicht?« Hermine hob die Hand. »Es sind Gestaltwandler«, sagte sie. »Er kann die Gestalt dessen annehmen, wovor wir, wie er spürt, am meisten Angst haben.«[54]

Kennst du das?

- Du bist besonders reizbar und empfindlich.
- Du bist sehr wütend.
- Du reißt dich zusammen, obwohl du nicht mehr kannst.
- Du fühlst dich taub, wie hinter einer Wand.
- Du fühlst dich matt und müde.
- Du bist wie gelähmt.
- Du hast Schlafstörungen.
- Du sicherst dich gegen Gefahren ab.
- Du kontrollierst dich und deine Umgebung.
- Du meidest bestimmte Situationen und Beziehungen.
- Du sträubst dich gegen Veränderungen, alles soll am besten so bleiben, wie es ist.

Wenn wir Veränderungen in unserem Leben einleiten, dann meldet sich die Angst. Ich habe bereits einleitend dazu geschrieben (1. Ich will Schokolade). Hier ist unser Mitgefühl für uns selbst gefragt. Dazu gehört auch, dass wir erst einmal verstehen, was in uns vorgeht, wenn uns die Angst befällt. Nicht immer ist uns ganz klar, dass wir in der Angst stecken. Sie meldet sich mit unangenehmen Gefühlen, Körperreaktionen und Fluchtimpulsen. Die Angst vertreiben zu wollen, wird nicht funktionieren. Das Angstmonster will in den Arm genommen werden wie ein verlorenes Kind. Es ist ein einsamer, verlassener Anteil von dir, der aus der Vergangenheit kommt.

---

54 J.K. Rowling (Band 3, 2018, S. 138).

**Die Angst hinterlässt schwarze Löcher,
aus denen die Dämonen kriechen.**

Angst zeigt sich in verschiedenen Gewändern und Ausprägungen. Wir alle kennen Angst. Das Herz trommelt, die Hände sind kalt und feucht, der Mund wird trocken. Angst ist eine normale Reaktion auf eine konkrete Gefahr. Flucht oder Angriff? Sie alarmiert uns, damit wir der Gefahr entgehen können. Ohne Angst würden wir nicht lange überleben.
Manchmal ist unser Angstsystem allerdings überempfindlich oder sogar dauerhaft scharf gestellt. Überall lauern Gefahren. Die Welt wird zu einem gefährlichen Ort. Die Angst hält uns vom Schlafen ab und unser Denkkarussell in Dauerschleife. Wir haben sogar Todesangst. Bei einer Angst*störung* bekommen wir Angst, wenn gar keine konkrete Gefahr vorliegt. Psychische und soziale Belastungen und eine erhöhte Vulnerabilität können solche Ängste begünstigen. Auch fördern Erkrankungen Angstzustände. Wie ein Irrwicht nimmt die Angst dann Formen an, vor denen wir uns am meisten fürchten. Der Chef wird mir kündigen, mein Mann mich verlassen, die Kinder tödlich verunglücken. Die Angst zeigt sich vor allem, wenn wir allein sind, in der inneren Dunkelheit feststecken, uns in uns selbst zurückziehen. Die Angst hindert uns daran, etwas zu verändern, denn sie macht uns weis, dass das sehr gefährlich werden könnte. »Du weißt nicht, was auf dich zukommt, es könnte alles noch viel schlimmer werden, verstecke dich lieber«, sagt sie.
Manchmal nehmen wir die Angst gar nicht als solche wahr. Wir sind wütend, ruhelos und gereizt. Wir suchen nach Schuldigen für die Misere. Wir überanalysieren die Welt, bewerten und verurteilen andere. Auch Leugnen ist ein typischer Abwehrmechanismus unserer Psyche, damit wir die dunkle Seite nicht fühlen müssen. Im nächsten Kapitel (16.) werden wir weitere Tricks der Psyche kennenlernen.

In welchen unterschiedlichen Gewändern zeigt sich die Angst und wie können wir ihr begegnen?

Das Herz trommelt

»Angst und Schrecken bringen den Lahmen auf die Beine«, sagt der Volksmund. Unser Nervensystem überprüft permanent die Gefahren der Umgebung, schätzt diese ohne unser bewusstes Zutun als *sicher, gefährlich oder lebensbedrohlich* ein. Bei hoher Stressbelastung schaltet das autonome Nervensystem auf die archaischen Grundmechanismen: Flucht oder Angriff. Ist das nicht möglich, weil es aus der Situation kein Entkommen gibt, dann stellen wir uns tot, erstarren.

Kalte Füße

»Ich habe kalte Füße bekommen«, sagt man, wenn zu viel Angst im Spiel war. Die Füße werden im Angstzustand tatsächlich kalt, weil sich der Körper auf Flucht oder Angriff vorbereitet. Dazu wird Adrenalin ausgeschüttet. Der Kampf- und Fluchtmodus bewirkt, dass das Blut vorrangig in die lebenswichtigen Organe fließt. Hände und Füße gehören nicht dazu.

Die Angst sitzt mir im Nacken

»Die Angst sitzt mir im Nacken«, auch das ist eine bekannte Redewendung. Wenn wir Angst haben, spannt sich unser gesamter Körper an. Die Nackenhaare sträuben sich. Eine angespannte Nackenmuskulatur kann sogar zu Schwindel führen. Durch das Zusammenziehen der Muskeln wird der Blutzufuhr zum Gehirn der Hahn zugedreht. Das Gehirn wird nicht mehr ausreichend mit Blut versorgt.

Angstschweiß

Angriff oder Flucht bedeuten große Anstrengungen und Bewegung. Um den Körper darauf vorzubereiten, werden die Schweißdrüsen aktiviert. Angstschweiß dient präventiv zum Abkühlen des Organismus.

Wenn es in die Hose geht

Angst macht Druck auf den Darm. Denn wer will schon auf der Flucht noch hinter die Büsche springen müssen. Wo ist die nächste Toilette? Durchfall!

Typische Angstsymptome

Kommt dir das bekannt vor? Hast du Angst? Zeigen sich bei dir Symptome der Angst?
Die Checkliste könnte dir helfen, das herauszufinden.

- Kalte Füße, Hände
- Zittern an Händen und Füßen
- Kribbelgefühl auf der Haut
- Muskelverspannungen
- Schwindel, innere Unruhe, Ohnmachtsgefühle
- Herzschmerzen, Herzklopfen, Herzrasen
- Störungen der Atmung, Hyperventilation
- Magenbeschwerden, Durchfall, Harndrang
- Mattigkeit Erschöpfung
- Müdigkeit, Schlafstörungen
- Bedrückendes Gefühl
- Übelkeit, Heißhunger
- Mundtrockenheit
- Schweißausbrüche

Ich weiß, wovon ich spreche, wenn ich von Angst rede. Vor etwa zehn Jahren war ich in einer Zeit höchster Anspannung, Existenzangst und Panik gefangen. Es war eine lebensverändernde Umbruchphase, ein selbst gewollter Veränderungsprozess, der mir enorme Angst machte. Nachts wachte ich immer wieder schweißgebadet auf, mein Herz trommelte. »Du kriegst mich nicht«, sagte ich zu dieser unbändigen Angst. Ich drehte mich dabei innerlich um, um ihr, der Angst, in die Augen zu schauen. Was ich sah, waren rote Augen in einem reptilienartigen Drachenkopf.
Vor zwei Jahren hatte ich meine erste Panikattacke. In der Situation war mir allerdings nicht klar, dass es sich um eine Panikattacke handelte. Mein Blutdruck rauschte auf einen Wert von 220/110. Ich dachte, ich müsste sterben. Das Herz schien mir aus dem Brustkorb herauszuplatzen. Der Notarzt erkannte die Lage sofort. Ich konnte kaum glauben, dass er keine Notwendigkeit für lebensrettende Maßnahmen sah. Todesangst ist typisch bei Panikattacken.
Die gefühlte Angst ist oft viel größer als die wirkliche Gefahr. Veränderungen machen Angst. Wir verlassen sicheren Boden. Diese Fragen könnten

helfen, wenn Veränderungen in deinem Leben anstehen, die deinen Herzschlag trommeln lassen.

- Wovon brauche ich weniger im Leben?
- Wovon brauche ich mehr?
- Was muss angepasst werden, was gelockert, was betont?
- Was muss geschützt und gestärkt werden?
- Was muss bewegt oder verändert werden?
- Welche Menschen tun mir gut, welche belasten mich?
- Von wem oder was möchte ich mich trennen?
- Bin ich auf dem richtigen Weg?
- Was muss ich radikal ändern?
- Was kann so bleiben, wie es ist?

Seelengymnastik
Speed Dating

Wenn die Angst ein Wesen wäre, wie würde es aussehen? Erkenne und benenne die Angst. Lass dich nicht von ihr stalken. Mache ein Speed Dating mit der Angst. Wer bist du? Wie siehst du aus? Was ist deine Absicht? Was willst du von mir? Wovor willst du mich schützen? Was brauchst du von mir?

Angst hindert uns zu leben.

Rasseln gegen die Angst

Rasseln – Ulrike Hinrichs

»Einem Kind, das sich vor der Dunkelheit fürchtet, kann man leicht verzeihen; die wahre Tragödie des Lebens ist, wenn Menschen sich vor dem Licht fürchten.«

Platon

Mit der Angst ist es wie mit einem Raubtier, das seine Beute verfolgt. Du kannst schnell zum Opfer werden. Dreh dich um und schau der Angst in die Augen. Laut sein, die Stimme erheben, die Meinung sagen, auf sich aufmerksam machen, all das sind Eigenschaften, die der Angst suspekt sind. Klappern, rattern, rhythmische Töne, Geräusche. Die Rassel ist dein Werkzeug, mit dem du laut werden kannst. Laute, rhythmische Rasselgeräusche erzeugen positive Schwingungen, negative Energien lösen sich auf und neutralisieren sich. Du kannst mit der Rassel böse Geister vertreiben. Bewaffne dich für deine nächste Angstattacke mit einer Rassel. Die kannst du dir selber basteln oder kaufen. »Eine Rassel zum Vertreiben der Angst hätte ich gut gebrauchen können«, sagte mir kürzlich eine Klientin, die eine Panikattacke gehabt hatte. Eine andere Klientin konstatierte, »ich würde gern mit der Rassel die Angst zum Tanzen auffordern«.

Unser Gehirn liebt Rituale und Zeremonien.

Eine selbst gebaute Rassel gegen die Angst hat mehrere Vorteile. Zum einen droht bei starker Angst die Gefahr, sich in dem Angstzustand zu verlieren, bei einer Panikattacke sogar Todesängste zu durchleben. Hierbei ist die erste Intervention, dass du vom inneren Erleben ins Außen kommst. Was siehst du? Was hörst du? Was riechst du? Was schmeckst du? Was fühlst du im Außen? Dabei kann eine laute Rassel dich unterstützen.
Du kannst deine Rassel auch als ein Instrument nutzen, mit der du die Angst für dich gewinnst. Du kannst mit der Angst tanzen. Du kannst dir Mut machen, indem du die laute Rassel erklingen lässt. Bei Angst fühlen wir uns ausgeliefert und ohnmächtig. Du kannst etwas tun! Übernehme die Führung. Erschaffe dein eigenes Instrument, um der Angst zu begegnen. Zeremonien und Rituale helfen, Angst zu bewältigen und Veränderungsprozesse zu begleiten. Zeremonien durchbrechen die Alltagsroutine, ziehen damit Aufmerksamkeit und verankern Lernerfahrungen. Auch dazu kann die Rassel etwas beisteuern. In unterschiedlichen schamanischen Traditionen wird die Rassel für Zeremonien und Heilrituale eingesetzt. Die Rassel dient auch zum Aufspüren von Blockaden und negativen Energien. Spüre dich wieder. Begegne der Angst.

Seelengymnastik
Rasseln gegen die Angst

Für deine Rassel brauchst du eine leere Kunststoffflasche (z.B. Shampoo oder Wasserflasche), die gut ausgespült ist. In die Flasche füllst du Erbsen oder Linsen oder Sand. Je nachdem, wie viel du davon in die Flasche füllst, klingt es unterschiedlich. Sodann benötigst du einen Stock (beispielsweise aus dem Wald), der in die Flaschenöffnung passt. Wenn du einen Naturstock nutzt, werden noch einige Spalten zwischen

der Flaschenöffnung und dem Stock verbleiben. Diese kannst du mit Kreppband umwickeln, damit die Flasche verschlossen ist.
Rühre dir einen Topf mit Kleister an. Lege dir altes Zeitungspapier zurecht. Das mit Kleister beschmierte Papier wickelst du um deine Flasche, bis diese komplett eingehüllt ist. Anschließend musst du deine Rassel ausreichend trocknen lassen. Es ist sinnvoll, ein paar Tage abzuwarten, bevor du sie mit Farbe bemalst. Du kannst die Rassel noch mit einer Feder oder Perlen schmücken. Du kannst die Feder in eine Perle stecken und sie mit einer Heißklebepistole oben auf die Spitze kleben.

Kinderfotos malen – Collage aus Kunstresten Ulrike Hinrichs

15. Depression, die Rückseite der Kreativität

»Die Entstehungsgeschichte meiner eigenen Depression ist leicht nachzuvollziehen«, beschreibt Dr. med. Gabor Maté in seinem Buch *Vom Mythos des Normalen.* »Sie ist auf zahlreichen Familienfotos dokumentiert, die seit meiner Kindheit von mir gemacht wurden und auf denen ich kaum einen Ansatz eines Lächelns zeige. (...) Unter den Bedingungen von Krieg und Völkermord habe ich die Gefühle meiner trauernden und terrorisierten Mutter in mich aufgesogen; auf den frühesten Fotos von mir sehe ich mein kleines Ich, das dieses Leid fast widerspiegelt.[55]
Du kennst vielleicht auch solche Fotos von dir. Selbstmitgefühl zu entwickeln, wenn im Leben alles ganz gut läuft, ist nicht so schwer. Was aber ist dann, wenn uns unsere Dämonen aus der Vergangenheit begegnen? Über die Angst haben wir im vorherigen Kapitel schon gesprochen. Es gibt viele andere psychische Erkrankungen, die uns belasten. Eine Volkskrankheit ist die Depression. In Deutschland leiden etwa 11,3 Prozent der Frauen und 5,1 Prozent der Männer an einer behandlungsbedürftigen Depression.[56] Die Ursachen für Depressionen sind multifaktoriell. Die Vulnerabilität der Betroffenen spielt ebenso eine Rolle wie in der Familie erlernte depressive Denk-, Sprach- und Handlungsmuster. Depressionen tauchen oft ohne erkennbaren Grund auf oder sind Ausdruck eines belastenden Ereignisses. Auch Anpassungsstörungen auf gravierende Lebensveränderungen können in eine Depression münden. Betroffene beschreiben Gefühle der Taubheit und Abgestumpftheit. Die innere Beweglichkeit ist erloschen. »Bei mir ist es das Gefühl, als würde ich in einem Zimmer liegen und von der Decke beginnt Öl zu tropfen, und man sinkt gleich in das Öl ein«, erläuterte der berühmte Strafverteidiger und Bestsellerautor Ferdinand von Schirach in einer Talkshow sein Gefühl von Depression. Die Depression kann auch eine starke innere Unruhe und Anspannung auslösen. Viele depressive Menschen haben Suizidgedanken. Ein begleitendes Phänomen, vor allem bei Frauen, ist auch ein Zwang zum Grübeln. Depressionen verstärken das Grübeln und

55 Maté (2023, S. 299).
56 Gehirn&Geist (07/2020, S. 66).

das Grübeln verstärkt Depressionen, so Miller.[57] Wir können uns tatsächlich in eine nicht enden wollende Abwärtsspirale grübeln. Beim Verdacht, an einer Depression erkrankt zu sein, solltest du dir sofort Hilfe holen, zum Arzt gehen.

Depression und Kreativität als polare Spiegelbilder?

Ich möchte mit dir den Fokus auf die Kraftquellen lenken, die wir immer und überall finden können. Depressive Störungen gehören zu den häufigsten und hinsichtlich ihrer Schwere am meisten unterschätzten Erkrankungen. Frauen sind häufiger betroffen als Männer, ältere Menschen öfter als junge, so das Bundesministerium für Gesundheit.[58] Die unglaubliche Tiefe, die in der Dunkelheit der Depression verborgen ist, finden wir auch auf der anderen Seite, im Licht. Ist die Depression vielleicht die Rückseite der Kreativität? Die Kreativität führt ins Licht. Depression und Kreativität als polare Spiegelbilder? Es scheint ein Paradoxon, einem Menschen mit einer Depression, der jedes Interesse verloren hat, leer und antriebslos ist, zur Kreativität zu motivieren. Wenn es doch gelingt, dann können wir den kreativen Prozess als Quelle zur Heilung nutzen. Denn im kreativen Schaffen zeigt sich eine innere Wahrheit, die wir sonst oft gar nicht erkennen können. Die Kunst nimmt Kontakt zu unserer größeren Ganzheit auf. Sie schöpft aus dem sprachlosen Raum.

Kunst ist damit seelenrelevant. Sie zeigt uns den richtigen Weg auf. Gerade die eingefrorenen Gefühle lassen sich durch Pinsel und Farbe auftauen. Ebenso ist es mit unerwünschten aggressiven Gefühlen. Diese explosiven Impulse wüten im buchstäblichen Sinne in uns. Wir wollen oder können sie nicht rauslassen. Sie sind viel zu zerstörerisch. Auf dem Malpapier ist alles möglich. Auch die Trauer, die sich hinter der Wut verbirgt, kann sich zeigen. Sie kann sich im Kunstwerk ergießen, statt uns zu überfluten. Wenn das Wasser vom Pinsel tropft und die Farbe auf das Papier, dann kommt etwas ins Fließen. »Die Hand beginnt Augen zu bekommen und zu sehen und zu weinen«, wie mir einmal eine Klientin in einer meiner Gruppen sagte. Ihr Bild dazu siehst du in Abb. 3. Der Vorteil am bildhaften Ausdruck für

57 Miller (2022, S. 149).

58 https://www.bundesgesundheitsministerium.de/themen/praevention/gesundheitsgefahren/depression.html (5.7.2023).

Menschen mit einer Depression ist, dass sie nicht mit Worten sprechen müssen. Es darf sich etwas zeigen, dass gar nicht in Worte gefasst werden kann.

Abb. 3 Bild einer Klientin mit Depression

Die Hand beginnt Augen zu bekommen
und zu sehen und zu weinen.

16. Die Zaubertricks der Psyche

Unsere Psyche will uns schützen. Sie hat einige Kniffe, um mit unlösbaren inneren Spannungen und unaushaltbaren seelischen Schmerzen umzugehen. Im Fachjargon nennt man sie Abwehrmechanismen. Der Begriff geht zurück auf Sigmund Freud. Die innere Abwehr ist ein Schutzmechanismus, gleichzeitig hindert sie uns daran, in unsere Kraft zu kommen. Es ist gut, wenn wir die Schutzmechanismen aufspüren, um uns selbst auf die Schliche zu kommen. Denn diese Schutzschilder verhindern eine heilende Entwicklung und Selbstfürsorge.

Einige Abwehrmechanismen im Überblick

- **Projektion:** Bei der Projektion werden eigene Gefühle, Konflikte, Ängste, Aggressionen unbewusst geleugnet und stellvertretend bei einem anderen erkannt, kritisiert und thematisiert. So kannst du die Projektion enttarnen: Fass dir an die eigene Nase. Schau bei dir selbst. Macht er etwas, das dir bei dir selbst nicht gefällt? Etwas, das du an dir nicht magst und dir nicht eingestehst, dass du es hast? Macht sie etwas, dass du bei dir unterdrückst, was du auch gerne machen würdest, dich aber nicht traust? Beispiel: Du bist eifersüchtig auf deinen Partner, hast aber selbst den Wunsch fremdzugehen.

- **Rationalisierung:** Rationalisierung ist der seelische Wolf im Schafspelz. Unbewusste Vorgänge oder nicht eingestandene Motive werden rational begründet, sodass sie einen neuen oder anderen Sinn bekommen. Die Rationalisierung ist eine Scheinbegründung bzw. Selbsttäuschung. Sie verdeckt die wahren Gefühle und Haltungen und schiebt Rechtfertigungen vor, die oft sogar eine breite Akzeptanz haben. Wir tun also so, als gäbe es gute, vielleicht sogar lobenswerte rationale Argumente für unser Verhalten. Ein Beispiel: Dir wird gekündigt. Du rechtfertigst es dann vor dir selbst mit dem Argument, dass du ja sowieso selbst kündigen wolltest und der Chef dir das abgenommen hat, um die Demütigung und Enttäuschung nicht zu spüren. Hast du dich schon mal dabei ertappt, dass du dein Verhalten und deine Motive rational begründest, obwohl das bei näherer Betrachtung vorgeschoben erscheint? Frag dich: Worum geht es hier wirklich?

- **Verdrängung:** Bei der Verdrängung werden stark belastende Inhalte ins Unbewusste verlagert. Die Steigerung ist die Leugnung. Trotz klarer Indizien wehren wir uns unbewusst gegen die Bewusstwerdung von inneren Konflikten. Eine Verdrängung ermöglichen wir besonders gut dadurch, dass wir permanent beschäftigt sind. Denn wenn es ruhig wird in uns, dann fällt das Verdrängen deutlich schwerer. Wir lenken uns ab. Kennst du das, nicht zur Ruhe zu kommen? Kannst du dich ausruhen? Erlaubst du dir dich auszuruhen? Kannst du Ruhe aushalten, ohne Hintergrundgeräusche wie Musik, Fernsehen, Youtube, Sprachnachrichten etc.? Verfällst du schnell in Aktionismus? Gibt es etwas in dir, das du nicht sehen möchtest?

- **Konversion:** Bei einer Konversionsstörung können körperliche Symptome Ausdruck eines seelischen Konflikts sein. Ein psychischer Konflikt wird auf die Körperebene verschoben. Dein Köper reagiert. Die Symptome treten üblicherweise nach belastenden Ereignissen auf. Es können keine somatischen Ursachen für sie gefunden werden. Typisch sind dissoziative Bewegungsstörungen und Krampfanfälle, Blindheit, Taubheit oder auch Erinnerungsverlust. Mehr dazu in meinem Buch *Krankheit als Bild: Mit Pinsel und Farbe die Botschaft deiner Krankheit entschlüsseln.*

- **Isolierung:** Isolierung meint, dass belastende Gefühle abgekapselt werden. Das dazugehörige Gefühl ist nicht mehr zugänglich. Wir können z.B. über eine schreckliche Erfahrung berichten, bleiben aber emotionslos. Das Gefühl ist nicht mehr abrufbar. Die Isolierung tritt häufig bei besonders traumatischen Ereignissen auf, sodass die betroffene Person durch ihre starken negativen Emotionen nicht zu sehr belastet wird. Kennst du das, dass du zu einem schwer belastenden Ereignis keine Gefühle abrufen kannst? Hast du es schon erlebt, dass dein Umfeld sich wundert, weil du so emotionslos über etwas Schlimmes berichtest?

- **Vermeidung:** Bei dem Abwehrmechanismus der Vermeidung meiden wir bestimmte Situationen, Orte oder Personen, die das belastende Erlebnis »triggern« könnten und die Erinnerung und das belastende Gefühl damit auslösen. Oft tritt dieses Verhalten bei Angststörungen auf. Kennst du das, dass du nicht aus dem Haus gehst oder bestimmte Orte nicht besuchst? Gibt es Menschen, die du meidest? Gibt es Situationen, die du meidest?

- **Spaltung:** Spaltung meint, dass ambivalente Gefühle im Inneren nicht ausgeglichen werden können. Etwas oder jemand ist entweder nur gut oder nur schlecht. Gibt es jemanden, den du abwertest und schlecht machst? Gibt es eine Person, die du besonders positiv in den Himmel hebst? Klingt ein wenig nach Verliebtsein, denkst du vielleicht. Im Zustand des Verliebtseins haben wir tatsächlich für einen gewissen Zeitraum eine natürliche Spaltung im Kopf. Der oder die Auserkorene ist durch die rosarote Brille einfach nur fantastisch.

- **Verschiebung:** Bei der Verschiebung werden unerträgliche oder unerwünschte Impulse (z. B. Wut auf den Vater) an einem »weniger gefährlichen« Ersatzobjekt ausagiert (Ehemann, Kinder, Hund). Ist dir aufgefallen, dass du gegenüber bestimmten Personen, Lebewesen oder auch Dingen besonders wütend, abweisend oder scharf reagierst? Siehst du in ihm/ihr in Wirklichkeit jemand anderes? Erinnert er dich an jemanden, mit dem du noch nicht im Inneren Frieden lebst?

- **Regression:** Regression ist Rückgriff auf eine frühere infantile Phase. Wir alle regredieren von Zeit zu Zeit, werden zum verletzlichen, traurigen oder wütenden Kind, das von anderen versorgt, getröstet, in Schutz genommen oder verwöhnt werden möchte. Hast du in letzter Zeit in einer kindlichen Art und Weise überreagiert, geweint, geschrien, warst bockig und trotzig? Wurde dir rückgemeldet, dass du wie ein Kind reagierst? Sehnst du dich nach dem Alten und Vertrauten zurück? Suchst du besonders viel Sicherheit und Kontrolle?

- **Introjektion:** Bei der Introjektion werden fremde Gedanken und Gefühle selbst einverleibt, so als seien es die eigenen. Das passiert zum Beispiel durch negative und abwertende Aussagen der Eltern in der Kindheit. Am Ende glaubst du selbst, was sie sagen. Siehe dazu Kapitel 20.

Dissoziation, mehr als nur ein Abwehrmechanismus

Kennst du das?

- Du hast keine Erinnerung an die Vergangenheit. Sie ist im Nebel verschwunden.
- Alles erscheint wie hinter einer Glaswand. Deine Gefühle sind gedämpft. Sogar der Körper fühlt sich an manchen Stellen taub an.
- Du fühlst dich innerlich leer.
- Du kannst dich schwer auf Beziehungen einlassen.
- Du weißt gar nicht, was du willst.
- Du hast das Gefühl, nicht ganz hier zu sein.
- Dir fehlt der Durchblick, worum es in deinem Leben geht.
- Du bist so müde und tust gleichzeitig viel zu viel.
- Andere trampeln über deine Grenzen hinweg, obwohl du doch Stopp gesagt hast.
- Du bist viel in deinem Kopf, überanalysierst die Welt und Menschen.

Wir alle erleben Alltagsdissoziation in unterschiedlicher Ausprägung. Dissoziation meint, dass unsere Wahrnehmung, unser Bewusstsein, Denken, Handeln und Fühlen voneinander getrennt sind. Die alltägliche Dissoziation ist ein Wahrnehmungszustand, in dem wir wie ein Beobachter eine Erinnerung oder ein Erlebnis von außen betrachten, so als ob wir einen Film auf einer Kinoleinwand sehen. Wenn wir Flow erleben oder automatisierte Handlungen wie Autofahren durchführen, bewegen wir uns in normalen dissoziativen Zuständen. Wir können uns die Formen der Dissoziation wie eine fließende Bewegung vorstellen. Es gibt ganz gesunde und alltägliche Formen des Wegtretens bis hin zu pathologischen Ausnahmezuständen der Dissoziation. Im psychologischen engeren Sinne meint

Dissoziation eine Reaktion auf existenzielle Bedrohungen. Wir trennen uns vom Fühlen ab, um zu überleben. Kopf und Herz sind nicht mehr in Kontakt, sie führen ein Eigenleben. Die Gefühle werden in den Keller verbannt. Der Kopf übernimmt das Kommando. Ohnmachtsgefühle und Hilflosigkeit führen zur Abspaltung von der Gefühlswelt. Dissoziation ist ein Mangel an Integration von relevantem Gedächtnismaterial. Als Überlebensstrategie unserer Psyche schützt uns die Abspaltung vor unseren Gefühlen, Sinnen und Körperschmerzen, damit wir nicht überwältigt werden. Die Abwehr kann ganz unterschiedlich daherkommen. Typisch sind Erinnerungslücken, Taubheitsgefühle, emotionale Leere und ein fehlender Zugang zu den eigenen Bedürfnissen. Im Extremfall kann die dissoziative Abspaltung zu Depersonalisation, Derealisation, Gedächtnisverlust oder dissoziativer Identitätsstörung führen. Die unerträglichen und abgespaltenen Gefühle werden durch eine unbewusste Reaktivierung des Traumas wiedererweckt, wenn wir in eine ähnliche Situation geraten, die uns an das Schrecken erinnert. Das nennt man Flashback.

Dissoziation

Abspaltung der Gefühle und Erinnerungen
→ **den Stecker ziehen**

Flashbacks

Das überwältigende Gefühl ist plötzlich wieder voll da
→ **den Stecker rein**

17. Resilienz

Fehler und Flecken können sehr schön sein – Ulrike Hinrichs

Während wir uns im vorherigen Kapitel damit beschäftigt haben, wie unsere Psyche Konflikte abwehrt, möchte ich nun darauf eingehen, was uns stärkt, um mit den Widrigkeiten des Lebens umzugehen. Resilienz beschreibt die Widerstandsfähigkeit und Belastbarkeit eines Menschen, um persönliche Lebenskrisen zu meistern. Resilienz ist das Immunsystem der Seele. Die Vulnerabilität ist von Mensch zu Mensch unterschiedlich, die Ursachen dafür vielfältig. Bei Stress schüttet der Körper Hormone wie Cortisol und Noradrenalin aus. Je nach biologischer Ausstattung baut der Körper die Hormone unterschiedlich schnell ab. Insofern hängt Resilienz auch von der biologischen Disposition ab. Darüber hinaus beeinflussen psychologische und Umweltfaktoren die Widerstandsfähigkeit. Stressfaktoren können etwa wiederkehrende bzw. dauerhafte Alltagsbelastungen wie Erkrankung, Arbeitsbelastung, kritische Lebensereignisse oder traumatische Erlebnisse sein. Von Menschen verursachte Traumata bedingt durch Gewalt oder Missbrauch werden als belastender wahrgenommen als kaum beeinflussbare Ereignisse wie eine Naturkatastrophe. Forschungen zeigen, dass im Sinne einer posttraumatischen Reifung durch die Bewusstwerdung der eigenen Verletzlichkeit das Gefühl der inneren Stärke wachsen kann. Viele Betroffene erleben nach der Integration traumatischer Erfahrungen eine Intensivierung der Wertschätzung für das Leben und ihre Beziehungen. Die Prioritäten und Perspektiven ändern sich. Kleine, alltägliche Dinge gewinnen an Bedeutung. Materielle Dinge verlieren an Wert. Eine Reflexion über den Lebenssinn und eine spirituelle Verbundenheit mit dem größeren Ganzen führt zu mehr Tiefe und Zufriedenheit im Leben. Die Bundeszentrale für gesundheitliche Aufklärung hat den Stand der Forschung zu Resilienz und den psychologischen Schutzfaktoren zusammengefasst.[59]

Zentrale Charakteristika der Resilienz sind danach:

Resilienz ist dynamisch. Ein resilienter Umgang mit Stressfaktoren entwickelt sich im Laufe des Lebens prozesshaft und ist gebunden in den Kontext der Mensch-Umwelt-Interaktion.

Resilienz ist variabel: Menschen können zu einem bestimmten Zeitpunkt ihres Lebens resilient sein, sich aber zu einem anderen Zeitpunkt vulnerabler zeigen. Besonders im Kindes- und Jugendalter sind verschiedene Phasen erhöhter Vulnerabilität im Entwicklungsverlauf festzustellen.

Resilienz ist situationsspezifisch: Menschen können sich in spezifischen Stresssituationen äußerst resilient zeigen. Im Zusammenhang mit anderen Stressoren dagegen Bewältigungsprobleme zeigen. Entscheidend ist das subjektive Gefühl des Bedrohtseins. Die gefühlte Bedrohung kann beispielsweise als Ersthelfer bei einem Verkehrsunfall anders ausfallen als beim Tod des Lebenspartners.

Resilienz ist multidimensional: Anpassungs- und Bewältigungsleistungen sind in verschiedenen Lebensbereichen unterschiedlich. Beispielsweise kann eine Person im sozialen Kontext Anpassungsprobleme zeigen und in Stress geraten, dagegen eine intellektuelle Überforderung im Arbeitskontext äußerst resilient angehen.

---

59 Siehe dazu ausführlich Bengel, Lyssenko (2012), BZgA zum Stand der Resilienzforschung, https://shop.bzga.de/pdf/60643000.pdf (5.12.2022).

Resilienz ist kein Zustand, sondern ein lebenslanger Prozess. Die Lebensgeschichte, unsere Erfahrungen im Umgang mit Krisen und das Umfeld beeinflussen die Resilienz. Hast du schon einmal erfahren, dass du eine schwere Krise gemeistert hast? Das hat positive Auswirkungen auf deine Resilienz. Hast du als Kind die Botschaft bekommen, dass du Krisen bewältigen kannst, dann wirst du in deinem Leben schwierige Ereignisse als Herausforderung annehmen. Wurde dir dagegen vermittelt, dass das Leben ein gefährlicher Ort ist, an dem man permanenten Angriffen ausgeliefert ist, dann wirst du anders reagieren. Überprüfe deine erlernten Glaubenssätze. Resiliente Menschen zeichnet aus, dass sie die Bandbreite positiver und negativer Erfahrungen wahrnehmen und annehmen können. In einer komplexen Situation mit stark negativ geprägten Erfahrungen können Menschen mit guter Widerstandsfähigkeit auch die förderlichen Elemente erkennen. Das deckt sich mit den Grundvoraussetzungen für ein gutes Selbstmitgefühl. Mitgefühl für sich selbst kennzeichnet, dass wir Leid als einen Teil des Lebens annehmen. Darauf werden wir im Kapitel 19.1. noch näher eingehen.

Die Schlüssel zur Resilienz kann man angelehnt an Jutta Heller[60] wie folgt zusammenfassen:

Positive Selbstwahrnehmung: Ich bin gut so, wie ich bin. Hier verbirgt sich auch ein Aspekt des Selbstmitgefühls.

Selbstregulation. Selbstregulation beschreibt die Fähigkeit, sich in schwierigen Situationen selbst zu beruhigen. Auch hier kann das Selbstmitgefühl als Handwerkszeug dienen.

Soziale Kompetenz: Soziale Kompetenz meint, dass du in der Lage bist, auf andere zuzugehen, Hilfe zu suchen und anzunehmen.

Selbstwirksamkeit: Selbstwirksamkeit beschreibt, dass du daran glaubst, Herausforderungen und Krisen meistern zu können. Das Gegenteil davon wären ein Gefühl von Ohnmacht und ein Feststecken in

---

60 Heller, Jutta – Die 7 Schlüssel der Resilienz, https://www.youtube.com/watch?v=kek7DTTf6ds (6.11.2022).

der Opferrolle. Dazu gehört ein angemessener Umgang mit Stress. Mehr in Kapitel 19.4.

Problemlösungskompetenz: Du kannst dir realistische Ziele setzen und direkt angehen. Dazu gehört auch, nicht im Schmerz hängen zu bleiben.

Akzeptanz: Akzeptanz meint, vorbei ist vorbei. Du bist in der Lage zu akzeptieren, was passiert ist, es lässt sich nicht mehr rückgängig machen. Auch das ist ein Aspekt des Selbstmitgefühls.

Optimismus: Du kannst vertrauen, dass es besser wird.

Resilienz ist ein seelischer Schutzschild.

Überprüfe deine Glaubenssätze.

Welche möchtest du neu definieren?

Du kennst sicher die Redewendung »Der frühe Vogel fängt den Wurm«. Kürzlich sah ich in einer Buchhandlung eine Postkarte mit dem umgewandelten Spruch »Der frühe Vogel kann mich mal«. Welche Glaubenssätze möchtest du verändern?

Vögel – Kreativer Begegnungsraum für Hochbetagte

Glaubenssätze sind die Überzeugungen und Leitideen, die wir für wahr halten und nach denen wir handeln. Unser Selbstbild speist sich aus den Erfahrungen, die wir in der Kindheit mit der Familie und anderen Bezugspersonen gemacht haben. In der Zeit bis zur Pubertät festigen sich diese inneren Überzeugungen. Nicht immer sind sie zu unseren Gunsten. Aus den Überzeugungen werden fest verankerte Glaubenssätze, die unser Denken, Fühlen und Handeln beeinflussen. Wenn wir sie nicht reflektieren, dann gelten sie ein Leben lang. Manche Überzeugungen sind so mächtig, dass sie sich Veränderungen hartnäckig entgegenstellen. Das ist ein unbewusster Prozess. Mehr dazu im Kapitel 20.

Seelengymnastik
Soul Talk

Mache einen Körper-Geist-Check. Die Fragen helfen dir, dir deiner selbst bewusster zu werden. Du wirst merken, bei welchen Fragen du hängen bleibst, weil du an dieser Stelle nicht gut für dich sorgst. Es reicht, wenn du die Fragen liest. Du musst sie gar nicht bewusst beantworten. Dein Unbewusstes wird auf die Fragen reagieren, die für dich von Bedeutung sind. Fragen setzen eine Richtung, in die das Universum dich für die Beantwortung der Frage führen wird. Damit folgst du der in Kapitel 10. beschriebenen Bottom-up Wahrnehmung. Also lass dir Zeit.

Auf der Ebene des Körpers

- Wie gehe ich mit meinem Körper um?
- Pflege ich meinen Körper? Kümmere ich mich um ihn?
- Achte ich auf die Signale meines Körpers? Hunger, Durst, Erschöpfung, Müdigkeit, Bewegungsdrang, Schmerz, Lust?
- Fühle ich mich gesund? Was bedeutet Gesundheit für mich?
- Wie ernähre ich mich?
- Wie funktionieren meine Instinkte?
- Wie rede ich mit mir selbst? Bin ich freundlich und liebevoll zu mir oder beschimpfe ich mich?
- Kümmere ich mich um die Bedürfnisse meines Körpers?
- Achte ich auf die Körpersignale? Schlaf, Hunger, Durst, Erschöpfung, Müdigkeit, Bewegungsdrang, Schmerz, Lust?
- Wie ernähre ich mich?
- Gehe ich lustvoll mit meinem Körper um?
- Welche Bedeutung haben meine vitalen Bedürfnisse für mich?
- Bewege ich mich regelmäßig? Treibe ich Sport? Welchen Kontakt habe ich zur Natur?

- Wie tanke ich Energie?
- Wie gehe ich mit meinen Kraftreserven um?
- Wie stärke ich mich, mein Immunsystem?
- Wie schärfe ich meine Sinne?
- Setze ich all meine Sinne bewusst ein?
- Wann hab ich zuletzt den Wald gerochen, Wasser eines Sees auf der Haut gespürt? Wann bin ich zuletzt barfuß über den Rasen gegangen?

Auf der Ebene der Magie und Rituale

- Welche Rituale und Gewohnheiten pflege ich?
- Habe ich einen Glücksbringer?
- Welchen Aberglauben praktiziere ich?
- Habe ich für mich bedeutsame Erbstücke?
- Gibt es bedeutende Fotos meiner Ahnen?
- Habe ich Zugang zu dem Wissen meiner Vorfahren?
- Wie begegne ich meinen Vorfahren, den Familienältesten?
- Mit wem fühle ich mich intensiv verbunden?
- Welche Rituale gebrauche ich im Alltag?
- Mit welchen Mächten fühle ich mich positiv verbunden?
- Welche Tabus oder Familiengeheimnisse gibt es?
- Welches Familiendrama gibt es?
- Welchen Ahnen will ich Vergebung schenken?
- Welcher rote Faden zieht sich durch meine Ahnenreihe?
- Was kann ich lernen von den Alten?
- Wer hat die Fußspuren in den Sand gemacht?

Auf der Ebene von Macht und Selbstausdruck

- Möchte ich illusioniert oder desillusioniert sein?
- Kann ich mich auf die Welt einlassen, wie sie ist, oder nur, wie ich sie mir wünsche?
- Kann ich das Potenzial in mir und anderen sehen?
- Welchen Zugang habe ich zu meiner Lebenslust, Freude, Begeisterung?
- Wie lebe ich meine inneren Impulse aus?
- Wie hängen Macht, Energie und Selbststeuerung für mich zusammen?

- Kann ich für mich einstehen?
- Nehme ich mein tiefes inneres Selbst wahr?
- Wie drücke ich es nach außen aus?
- Kann ich tiefe Gefühle ausleben?
- Kann ich Ärger und Wut zulassen, ohne mir und anderen zu schaden?
- Kann ich meinen eigenen Ärger liebevoll annehmen?
- Wann habe ich zuletzt unschuldige, offene, kindliche Freude gespürt?
- Wann hat es zuletzt bei mir im Bauch gekribbelt vor lauter Glück, Begeisterung, Staunen, Faszination?
- Wann hatte ich zuletzt ein Funkeln in den Augen?
- Wofür brenne ich?
- Was ist meine Leidenschaft?

Auf der Ebene von Zugehörigkeit, Beziehungen, Umgebung

- Aus welcher Familie stamme ich? Wer gehört dazu? Wie geht es mir in meinem familiären Umfeld?
- Welche Bedeutung hat mein Name für mich?
- Welche Beziehungen pflege ich öffentlich und privat?
- Was verbindet mich mit den Menschen um mich herum?
- Zu wem fühle ich mich zugehörig?
- Welche Beziehungen sind förderlich für mich, welche toxisch?
- Wer gibt mir Kraft, unterstützt mich? Wer raubt mir Energie?
- Aus welcher Gegend komme ich? Wo lebe ich? Tut mir meine Umgebung gut?
- Habe ich Zugang zu dem Wissen meiner Vorfahren?
- Wie genieße ich wann und wo gleichwertige Gemeinschaft?
- Wann habe ich zuletzt mit Freunden einen gemeinsamen Abend genossen?
- Wie kann ich andere als gleichwertig anerkennen und das auch eindeutig und klar kommunizieren?
- Wie wichtig ist Harmonie und Gerechtigkeit für mich und was tue ich dafür?
- Wann habe ich zuletzt jemandem wirklich zugehört?
- Wie wichtig ist mir Gleichheit?

- Wie tolerant bin ich gegenüber dem Anderen?
- Was bedeutet mir Dialog und Konsens?
- Wie wichtig ist mir Harmonie?
- Bin ich sensibel gegenüber meinen und den Bedürfnissen anderer?
- Kann ich im Team arbeiten? Bin ich kooperativ?
- Bin ich hilfsbereit?
- Kann ich andere an Entscheidungen teilhaben lassen? Wo teile ich? Gebe ich im Interesse der Gemeinschaft?

Auf der Ebene von Handeln und Erfolg

- Packe ich die Dinge an, wenn ich eine Idee habe?
- Kann ich Ziele verfolgen und umsetzen?
- Kann ich meinen eigenen Erfolg anerkennen und genießen?
- Wann habe ich mich selber zuletzt gelobt und belohnt?
- Darf ich eine Gewinnerin sein?
- Wie ziehe ich aus fairem Wettkampf mit anderen einen Gewinn?
- Wo gehe ich in meinem Leben positiv an Grenzen?
- Wozu möchte ich Ja sagen, statt immer nur nicht Nein?
- Packe ich die Sachen an, um sie zu verbessern?
- Was bedeutet für mich Leistung und Erfolg?
- Strebe ich nach Weiterkommen und Erfolg?
- Wann bin ich zuletzt an meine eigenen geistigen und körperlichen Grenzen gegangen?
- Was macht mich wirklich neugierig?
- Woran bin ich mit Herz und Seele interessiert?
- Was erforsche ich?
- Wo und wie will ich weiter kommen?
- Was bedeutet lernen für mich? Lerne ich gern? Will ich mich weiterentwickeln?
- Bin ich (zu) selbstlos, altruistisch?
- Helfe ich viel, ohne zu nehmen?

Sonne, Mond und Wolken – Künstlergruppe für Geflüchtete

Lass die Sonne deine Seele wärmen,
den Mond deinen Geist kühlen und
die Wolken deine Tränen wegpusten.

Auf der Ebene von Kontrolle und Sicherheit

- Welche Rituale und Gewohnheiten pflege ich im Alltag? Tun mir diese Gewohnheiten gut? Will ich welche verändern? Will ich neue erschaffen?
- Welche innere und äußere Ordnung gibt mir in meinem Leben Halt?
- Wie weit habe ich die Regeln reflektiert, an die ich mich in meinem Leben halte?
- Wie stehe ich zu Hierarchien?
- Welche Belohnungen verspreche ich mir für die Zukunft?
- Wo in meinem Leben kann mir Disziplin weiter helfen?
- Welche Regeleinhaltung erwarte ich von mir und den Menschen aus meiner Umgebung?
- Wo nützen mir meine Regeln, wo behindern sie mich?
- Von welchen Regeln möchte ich mich trennen?
- Wie kann ich meine Gefühle positiv kontrollieren?
- Gelingt es mir, meine Impulse optimal zu steuern?
- Kann ich Bedürfnisse und Wünsche aufschieben?
- Wie organisiere und strukturiere ich mein Leben?
- Kann ich mich anpassen, ohne mich aufzugeben?
- Wie wichtig ist mir Kontrolle?
- Wo fühle ich mich kontrolliert?
- Enge ich meine eigene Flexibilität und Beweglichkeit ein?
- Habe ich Existenzängste?
- Wie wichtig sind mir Statussymbole und materieller Besitz?
- Vergleiche ich mich mit anderen?

Auf der Ebene von Chaos und Unberechenbarkeit des Lebens

- Wie begegne ich Chaos, unvorhersehbaren Ereignissen?
- Wie flexibel bin ich?
- Erkenne ich Möglichkeiten und Chancen in meinem Leben? Wie reagiere ich darauf?
- Wie und mit wem bin ich vernetzt?
- Bilde ich Netzwerke?

- Wie stehe ich dem Fremden und Unbekannten gegenüber?
- Was bedeutet für mich Vielfältigkeit?
- Übernehme ich Verantwortung für das Ganze?
- Wie stehe ich zu Wandel und Veränderung?
- Akzeptiere ich Wandel als Normalität?
- Bin ich gelassen und nachsichtig gegenüber meinen Fehlern und Fehlern anderer?
- Bin ich offen für Neues? Für das Unbekannte?
- Wie begegne ich unvorhergesehenen Ereignissen? Überraschungen? Veränderungen?
- Wie gehe ich mit sich bietenden Möglichkeiten und Chancen um? Traue ich mich, diese anzunehmen?
- Packe ich Krisen und Veränderungen an?

Auf einer höheren Ebene

- Wie klingt das Lied meiner Seele?
- Wofür bin ich eigentlich hier?
- Welchen Duft verströme ich im Universum?
- Was für eine Blume bin ich?
- Was bedeutet für mich Spiritualität?
- Was bedeutet für mich der Tod?
- Mit welchen Mächten fühle ich mich positiv verbunden? Glaube ich an Gott, das Göttliche?
- Suche ich Harmonie und Energie in der Natur?
- Habe ich Zugang zu meinen inneren Bildern und den Märchen und Mythen meiner Umgebung?
- Was bedeutet für mich Spiritualität?
- Fühle ich mich verbunden mit der Natur, meiner Umgebung, den Menschen, Tieren, dem Universum?
- Kann ich den Moment erleben und genießen, ohne in die Zukunft und Vergangenheit abzugleiten?
- Fühle ich mich als Teil des Ganzen?
- Höre ich auf meine Intuition, mein Bauchgefühl?
- Wie steht es um meine Kreativität, gebe ich ihr Ausdruck etwa durch Musik, Tanzen, Malen, Erschaffen?
- Wie ist es um meine Schöpferkraft bestellt?

- Spiele ich noch ab und zu wie früher als Kind?
- Vertraue ich in dem Fluss des Lebens?
- Kann ich Ambivalenzen vereinen?
- Höre ich auf Inspirationen in mir, setze ich diese um?
- Welchen Zugang habe ich zur Magie und Faszination des Lebens?
- Folge ich meiner Intuition?
- Was gibt mir einen höheren Sinn?
- Was ist die eine Sache, die ich am Ende meines Lebens gefunden haben muss?

Wer war ich bevor ich geboren wurde?
Wer bin ich nach meinem Tod?

Künstlergruppe für Geflüchtete

Neurodiversität ist das neue Normal.

18. Neurodiversität

»Wenn Ulrike mit ihren Gedanken und Worten nicht gerade woanders ist – leider ist sie es häufig –, arbeitet sie interessiert mit. Sie ist aufgeschlossen, einfallsreich und lebhaft. Sie hat den besten Willen, alle Arbeiten sauber und ordentlich zu erledigen, aber Geduld ist nicht ihre größte Stärke. Wie viele temperamentvolle Kinder ist sie sehr sensibel. Sie braucht Unterstützung, viel Lob und Ruhe zum Arbeiten.«

Ulrikes Zeugnis 2. Klasse

»Ulrike muss ruhiger und weniger flüchtig arbeiten. Ihre Schrift muss viel besser werden. Sie arbeitet wie früher interessiert und lebhaft mit, ist leicht zu lenken im Unterricht, da sie zwar aufbrausend, aber sehr gutmütig ist. Ihre Schwatzhaftigkeit ist leider kaum zu unterdrücken. Sie muss aber größere Konzentration lernen.«

Ulrikes Zeugnis 3. Klasse

»Ulrike gibt sich viel Mühe, ruhig und gewissenhaft zu arbeiten. Ihr lebhaftes Temperament hindert sie aber immer wieder, lange und ausdauernd schriftlich zu arbeiten. Ulrike hat ein starkes Empfinden. Sie ist sensibel und leicht verletzlich. (…)«

Ulrikes Zeugnis 4. Klasse

Kürzlich fand ich meine alten Zeugnisse aus der Grundschule wieder. Viel hat sich an der Beschreibung von damals nicht geändert, dachte ich, als ich sie las. Ich war und bin eine Ideenträumerin. Ich brauche viel Ruhe zum Arbeiten. Geräusche oder Personen lenken mich ab. Ich verliere die Konzentration, wenn es zu unruhig um mich herum ist. Ich habe viele Ideen, bin kreativ, einfallsreich, impulsiv und leicht verletzlich. Geduld ist immer noch nicht meine Stärke, auch wenn ich gelernt habe, damit umzugehen. Kennst du das auch, dass du dich anders fühlst als die anderen? Dir ist schneller alles zu viel, es ist dir zu laut, das Licht zu hell, der Geruch ist zu stark, der Pulli kratzt auf der Haut, es sind zu viele Menschen um dich herum, du nimmst zu viel wahr. Du träumst gern, hast viele Ideen, die sich explosionsartig entladen, dein Gerechtigkeitssinn ist überausgeprägt. Die Liste ließe sich fortsetzen. Die neurobiologischen Eigenarten sind vielfältig. Hochsensibilität, ADHS auch im Erwachsenenalter, Asperger-Autismus oder Dyskalkulie können dazugehören. Auch ich bin nicht neurotypisch ausgestattet. »Genetisch bedingte Empfindlichkeiten sind kein Code für Krankheiten. Aber sie können dazu führen, dass eine Person von den Wechselfällen des Lebens stärker betroffen ist als jemand mit einer robusten Veranlagung – eine keineswegs triviale Auswirkung. Sensible Menschen fühlen mehr, haben stärkere Empfindungen und sind in Stresssituationen leichter überfordert, nicht nur subjektiv, sondern auch physiologisch«, so die Psychologin Miller.[61] Viele Menschen mit neurobiologischen Besonderheiten fragen sich, wie sie eine Gebrauchsanweisung für sich selbst finden können. Insbesondere in einem neurotypischen Umfeld stoßen sie an ihre Grenzen. Wenn du von der sogenannten Norm abweichst, dann brauchst du eine ganz besonders große Portion Selbstmitgefühl. Denn dir wird permanent von außen gespiegelt, dass irgendetwas bei dir anders ist als »normal«.

Wir sind Menschen. Wir sind unterschiedlich. Doch erst in jüngster Zeit geraten neurosensible Besonderheiten von Menschen zunehmend in den Blick. »Die normalverteilte Neurosensitivität könnte von Psychopathie bis Höchstsensitivität reichen. In diesem Kontext liegt in der Neurodiversitätsperspektive sowohl für Organisationen als auch für neuroatypische Individuen eine große Chance«, beschreibt es Dr. Patrice Wyrsch.[62]

Das Konzept der Neurodiversität ist nicht unumstritten, da Störungsbilder wie Asperger-Autismus oder ADHS nicht als Krankheiten, sondern als Ausdruck der menschlichen Diversität bewertet werden. Unabhängig von der Einordnung als Krankheit oder menschlicher Besonderheit erleben Menschen ihre Andersartigkeit als eine große Bürde. Sinnesreize werden besonders intensiv wahrgenommen. Gleichzeitig spüren sie die Erwartung im Außen, sich an die Normalität anzupassen. Eine neue Studie belegt, dass das Depressionsrisiko steigt, je stärker man versucht sich dem Außen anzupassen.[63]

---

61 Miller (2022, S. 294).

62 https://www.patricewyrsch.ch/neurodiversitaet-psychopathie-alexithymie-hoechstsensitivitaet-diversity-management/ (28.7.2021).

63 Gehirn&Geist Dossier, Autismus verstehen (1/2021, S. 23).

Mimose mit Morgenstern!

Menschen mit der Diagnose ADHS, insbesondere Kinder, können sich nur mühevoll in ein geregeltes System einfügen. Ihnen fällt es schwer, ihre Aufmerksamkeit zu fokussieren. Der Arzt Dr. Martin Winkler, selbst Betroffener, beschreibt die hohe Sensibilität gepaart mit einer hohen Reizbarkeit bei einem Menschen mit ADHS metaphorisch als »Mimose mit Morgenstern«.[64] Auch Hochsensibilität gehört in das Spektrum der Neurodiversität. Neben zahlreichen Einschränkungen steckt in den vermeintlichen Eigenarten ein großes Potenzial. Asperger-Autisten beispielweise würden eher die Bäume als den Wald sehen, so die Psychologen Uta Frith und Francesca Happé.[65] Sie können sich extrem gut auf Details fokussieren. Dieser klare Fokus mache einige Autisten zu begabten Forschern, so der Neurowissenschaftler Laurent Mottron. Menschen mit ADHS zeigen ein hohes Maß an Kreativität und Neugier. Sie sind besonders gut darin, innovative Konzepte zu entwickeln und neue Lösungen zu finden. Sie verlieren sich nicht in Details, behalten den Überblick für das größere Ganze. Gleichzeitig zeigen sie eine hohe emotionale Labilität, sind sehr reizbar, können kaum Ungerechtigkeit aushalten, haben ein gestörtes Zeitempfinden und brauchen eine starke Orientierung, Kontrolle und Verlässlichkeit. Ihre großen Herausforderungen sind eine ausbalancierte Selbststeuerung und Alltagsregulation. Unsere Andersartigkeiten als gegenseitiges Geschenk zu betrachten, könnte für uns selbst, unser Umfeld und unsere Gesellschaft zu einem großen Wachstumsschub werden. »Dieselben ›Sensibilitäts‹-Gene, die in einer stressigen Umgebung psychische Erkrankungen begünstigen, können unter positiven Umständen dazu beitragen, eine stärkere psychische Resilienz und somit Glück zu fördern. Sensible Menschen haben das Potenzial, bewusster, einsichtiger, kreativer, künstlerischer und empathischer zu sein, wenn ihre Sensibilität nicht durch Misshandlung oder Geringschätzung unterdrückt wird, so Miller.[66]

---

64 ADHS bei Kindern und Jugendlichen https://www.youtube.com/watch?v=aI9-zepI6cI&t=290s (17.6.2022).

65 Gehirn&Geist Dossier, Autismus verstehen (1/2021, S. 23).

66 Miller (2022, S. 295).

Seelengymnastik
Meine Welt, wie sie mir gefällt

Wie würde deine Welt aussehen, wenn nicht *du* dich anpassen würdest, sondern die Welt sich an dir ausrichten müsste?
Wie sehe deine Umgebung aus, dein Zuhause, dein Arbeitsplatz, der Supermarkt, die Stadt, das ganze Land? Was für Beziehungen würdest du führen? Vielleicht magst du dazu eine Geschichte schreiben.

Wenn der Weg vor dir klar ist,
dann bist du wahrscheinlich auf dem eines anderen.

Carl Gustav Jung

19. Unterscheidung schafft Klarheit

Lass uns den Unterschied zwischen den Begrifflichkeiten Selbstmitgefühl, Selbstliebe, Selbstwert, Selbstwirksamkeit und die Rolle deines inneren Kritikers klären. Für deine erfolgreiche Seelengymnastik brauchst du vor allem Mitgefühl mit dir selbst. Du wirst dir deine Fehler verzeihen müssen, etwas, was deinem inneren Kritiker nicht gut gefallen wird. Du wirst deinen Schmerz fühlen. Deine inneren Stimmen werden dich davor warnen. Du wirst lernen, mit deinen schweren Erfahrungen zu leben. Vielleicht wird es innere Stimmen geben, die meinen, »so schlimm war das doch gar nicht, stell dich nicht so an, sei nicht so selbstmitleidend«. Um den Schmerz und das erfahrene Leid wirklich anzunehmen, brauchst du Mut und Mitgefühl. Das bedeutet, dass du dich fühlen, für dich einstehen und sorgen musst.

Selbstmitgefühl ist kein Selbstmitleid. Beim Selbstmitleid bleibst du in der Opferrolle stecken. »In Selbstmitleid zu schwelgen bedeutet die bequeme, aber morastige Falle, sich ständig selbst zu bemitleiden. Selbstmitleid ist eine Art Trost, wenn man sich selbst als eine unglückliche, vom Schicksal gebeutelte Figur betrachtet«, so Maté.[67] Selbstmitleid konterkariert die Heilung, verstärkt den Schmerz und hält uns davon ab, Verantwortung für uns zu übernehmen. Das gleiche gilt, wenn wir mit jemandem Mitleid haben. Um Mitleid mit dir zu haben, muss ich uns in ungleiche Rollen versetzen und auf dich als »armes Opfer« herabblicken.

Selbstmitgefühl dagegen erkennt an, was ist. »Ich bin verletzt.« Das Selbstmitgefühl wehrt sich nicht gegen den Schmerz, sucht keine Schuldigen. Selbstmitgefühl verlangt Mut. Beim Selbstmitgefühl gehst du in deine Kraft. Durch Selbstmitgefühl wirst du dich automatisch selbst lieben. Warum? Weil du dir durch dein Mitgefühl signalisierst, dass du genau so richtig bist, wie du bist. Wenn es dir schlecht geht, brauchst du keine besserwisserischen Ratschläge von deinem inneren Kritiker.

---

67 Maté (2023, S. 446).

Abb. 4 Kunstprojekt Selbstmitgefühl

19.1. Selbstmitgefühl

»Wenn wir unser Leiden in den Kokon des Mitgefühls einhüllen, tritt etwas Neues in Erscheinung. Etwas Wunderbares, Auserlesenes, Schönes.«

Kristin Neff[68]

»Was wir außerhalb von uns verehren, ist oft eine positive Schattenprojektion der tiefen Weisheit unserer Seele«, so Pearson.[69] Selbstliebe ist ein großes Wort. Wie wäre es, wenn die Bindung an uns selbst mehr zu unserem Wohlbefinden beiträgt, als die Beziehung zu anderen Menschen? »Wir sehnen uns danach, uns selbst ›mögen‹ zu können, doch das Ausblenden traumatischer Erfahrungen oder der verletzlichen, schamerfüllten, wütenden oder deprimierten Selbstanteile, die implizite Erinnerungen an diese Erfahrungen in sich tragen, führt zu einer tiefgreifenden Selbstentfremdung: ›Ich kenne mich selbst nicht, aber eines ist klar: Ich kann mich nicht leiden‹«, beschreibt es die Psychologin Fisher.[70] Uns fällt es schwer, uns mit unseren rauen, dunklen, schwierigen und unausgegorenen Aspekten anzunehmen und ihnen Mitgefühl zu schenken. Denn dazu gehört, dass wir vor allem diese Schattenseiten als zu uns gehörig akzeptieren. Wie geht das, fragst du dich vielleicht. Ich möchte mit dir dazu tiefer in das Thema Selbstmitgefühl einsteigen.

Wer Mitgefühl mit sich hat, der hat Mitgefühl mit allen Lebewesen und dem ganzen Planeten. Selbstmitgefühl heißt, dass wir unsere eigene Unzulänglichkeit liebevoll anerkennen, unsere Schattenseiten umarmen. Offen, verwundbar, strahlend. Gerade in schwierigen Zeiten, etwa wenn wir scheitern oder Fehler machen, begegnen wir uns in einer mitfühlenden, verständnisvollen und unterstützenden Art und Weise. Wir können kein Mitgefühl für unseren eigenen Schmerz entwickeln, wenn wir uns ihm nicht achtsam zuwenden. Erst wenn der Schmerz an die Oberfläche kommen darf, kann eine Transformation beginnen.

Selbstentfremdung ist ein wesentlicher Bestandteil der Lebenserfahrung traumatisierter Menschen. Traumatisierte Menschen lernen im Überle-

68 Neff (0212, S. 313).
69 Pearson (2019, S. 269).
70 Fisher (2019, S. 102).

bensmodus, ihr Mitgefühl für sich selbst zu unterdrücken. Das Annehmen traumatischer Erlebnisse fällt besonders schwer bei schwerwiegenden Verletzungen in der Kindheit etwa durch Gewalt, Missbrauch oder Vernachlässigung. Das Loslassen traumatischer Erinnerungen ist für viele Betroffene eine zutiefst belastende Forderung, die sie aber von Fachpersonal wie Psychotherapeutinnen oder Coaches zu hören bekommen. Dieser Rat-*Schlag* bestätigt das Gefühl, nicht verstanden zu werden. Denn loslassen können wir erst, wenn schlimme Erfahrungen, die wir durchlebt haben, wirklich gesehen und bezeugt wurden. Das bedeutet, dass dir eine Person mit Liebe und Mitgefühl aktiv zuhört und sich auch traut, deinen Schmerz mitzufühlen. Und auch du musst dir wirklich zuhören. Erst wenn der Schmerz an die Oberfläche kommen darf, kann Heilung entstehen. Du musst ihn fühlen. Nicht der Therapeut bestimmt, wann es mal reicht, sondern du kannst fühlen, wenn sich etwas löst. Du kannst und darfst dich *in deinem Tempo* von der Situation, dem Menschen lösen. Du bestimmst es aktiv. Das kann ein langer Prozess sein oder sogar eine Lebensaufgabe. Und das ist gut so.

Lösen bedeutet: »bewirken, dass etwas lose wird«,
Loslassen bedeutet: »nicht mehr festhalten«.

Spürst du den Unterschied? Etwas wird erst dann lose, wenn es gelockert wurde. Das kann nur funktionieren, wenn das Erlebte gesehen, integriert und transformiert wurde. Loslassen hingegen ist ein Sprung in den Abgrund ohne Netz. Der erste Schritt, sich zu lösen, besteht darin, das Erlebte hereinzulassen. Wir müssen den Schmerz zulassen, um ihn zu transformieren. Der wichtigste Mensch, der deinen Schmerz anerkennen und dich trösten kann, bist du. Die schmerzhafte Erfahrung hereinzulassen, bedeutet, sie bewusster wahrzunehmen und den Schmerz, die Verletzung, die Enttäuschung nicht zu betäuben. Wir tendieren dazu, den Schmerz weghaben zu wollen. Das geht mir genauso. Die Kunst besteht nun darin, alles so anzunehmen, wie es ist. Widerstand zwecklos. Dazu gehört auch das bewusste Fühlen. Gefühle sind Impulse, die ausgelebt werden wollen. Lass es raus, Wut, Zorn, Angst, Enttäuschung. Und sei mitfühlend mit dir. Bei Mitgefühl für uns selbst schaltet sich unser Bedrohungssystem ab und das Fürsorgesystem an.

Selbstmitgefühl kreativ gestalten

Immer mal wieder initiiere ich Kunstprojekte in meiner Stadt, bei denen Bürger*innen eingeladen sind, sich zu beteiligen. Laien wie Profikünstler, Jung und Alt, Alteingesessene und Zugewanderte. Ziel solcher Projekte ist es, gesellschaftsrelevante Themen über die Kunst als Ausdrucksform im Rahmen einer Ausstellung in die Öffentlichkeit zu bringen und zu diskutieren. Während ich an diesem Buch schrieb, hatte ich ein Kunstprojekt unter dem Titel »Selbstmitgefühl kreativ gestalten« angestoßen. Wir planten neben Einzelkunstwerken der beteiligten Künstler*innen ein Gemeinschaftsprojekt. Dazu malte jeder für eine andere Person aus der Künstlergruppe eine selbst gestaltete Postkarte, die anschließend per Post zugeschickt wurde. Die ausgewählte Person konnte vorher ein Thema bestimmen, das für sie gerade wirklich bedeutend war. Ziel war es, am Ende des Projektes alle Postkarten als Gemeinschaftswerk zu präsentieren. In Abb. 4 siehst du eine Postkarte aus dem Projekt zum Thema Wut. »Wenn man mir mal gut zuhören würde, ließe sich auch mit mir reden, bevor mir der Kragen platzt.« Diese Karte wurde mir geschickt. Ich war sehr berührt von der positiven Botschaft der Wut, insbesondere weil mir die explosive Wut in meinem Leben oft zu schaffen macht. Was ist dein Thema? Es gibt viele andere unangenehme Gefühle, die wir ungern fühlen wollen. Wie können wir sie mit Selbstmitgefühl besser annehmen?
Selbstmitgefühl hat nach Kristin Neff[71] drei Komponenten, die ich dir näher vorstellen möchte: Selbstfreundlichkeit (1), Verbundenheit (2) und Achtsamkeit (3).

(1) Selbstfreundlichkeit

Selbstfreundlichkeit bedeutet, dass man mit sich so fürsorglich und wohlwollend umgeht wie mit einem guten Freund, einer Freundin. Weich und milde. Selbstfreundlichkeit meint mehr als nur das Ende der Selbstverurteilung. Die inneren Stimmen, die uns beschimpfen, treten in den Hintergrund. Wir setzen dem inneren Kritiker freundliche und fürsorgliche Stimmen entgegen. Mitgefühl bedeutet *annehmendes Zuhören*, also erst einmal anerkennen, was jetzt gerade ist. Mitgefühl braucht ein *verstehendes Zuhören,* das Zusammenhänge erkennt und ausdrückt. Wichtig ist, dass die Schwere und die Not in dir

71 Neff (2012).

nicht relativiert oder weggeschoben werden. Es braucht ein echogebendes, aktives Zuhören, eine einfühlsame Präsenz.[72] Du wirst vielleicht bemerken, dass der Kritiker trotzdem weiter lamentiert. Genau, lass ihn reden. Auch ihn nehmen wir mit in das innere Team. Sich mit sich selbst zu befreunden bedeutet eine ›radikale Akzeptanz‹. Dazu gehört, dass wir unser Leben mit diesen inneren ›Mitbewohnern‹ teilen und mit ihnen auskommen müssen.[73] Wichtig ist, dass du auf deiner inneren Bühne den leisen und liebevollen Stimmen mehr Aufmerksamkeit schenkst, ihnen nötigenfalls einen Lautsprecher in die Hand drückst. Lausche ihnen. Es sind die Stimmen, die dich nicht bewerten, dich nicht nach Leistung und deinem Äußeren beurteilen. Es sind die Stimmen, die dir sagen, du bist einzigartig und genau richtig so.

Zur Selbstfreundlichkeit gehört auch, dass wir uns beruhigen und trösten, wenn wir Schmerzen haben. Wir reagieren auf unser eigenes Leiden genau so, wie wir es bei einem nahen und lieben Menschen in Not täten. Wir lassen uns von unserem eigenen Schmerz emotional bewegen. »Mit Selbstfreundlichkeit beruhigen wir unsere sorgenvollen Gedanken. Wir schließen Frieden mit uns selbst, indem wir uns Wärme, Freundlichkeit und Sympathie entgegenbringen, sodass echte Heilung stattfinden kann.«[74] Selbstfreundlichkeit bedeutet, dass ich mich so annehme, wie ich bin, dass ich authentisch bin.

***Seelengymnastik
Ich denk an mich***

Wie oft hast du schon zu deinen Kindern, Partnern, Freundinnen gesagt: »Ich denk an dich«? Es spiegelt die Liebe, das Vermissen, die Sehnsucht, die wir für den anderen empfinden. Es gibt viele verschiedene Postkarten, sogar ganze Postkartenbücher, Bilder, Sprüche und unzählige Songtexte unter dieser Überschrift. Aber was ist eigentlich mit dir? Wie oft hast du das zu dir gesagt? »Ich denk an mich!« Welches Bild möchtest du dir dazu malen?

72 Siehe zum Mitgefühl Baer, Frick-Baer (2021).
73 Fischer (2019).
74 Neff (2012, S. 61).

(2) Verbundenheit

Ein weiterer Aspekt des Selbstmitgefühls ist Verbundenheit. Mit Verbundenheit ist gemeint, dass wir die Verbindung mit allen Menschen wahrnehmen. Wir sind verbunden im Leid. Schmerz und Leid sind Bestandteile des Lebens. Jede Bewegung in Richtung Ganzheit beginnt damit, unser eigenes Leiden und das Leiden der ganzen Welt anzuerkennen, beschreibt es der Arzt Dr. Gabor Maté.[75] Krankheit, Schmerz, Leiden, Versagen und Unperfektheit sind Erfahrungen, die wir alle machen. Brené Brown konstatiert: »Es entspricht unserem Wesen, unvollkommen zu sein. Nicht kategorisierbare Gefühle und Emotionen zu haben.[76] Das bedeutet aber nicht, dass wir alle gleichermaßen vom Leid betroffen sind. Es bedeutet auch nicht, dass wir das Leid beiseiteschieben und ignorieren. Erfahrenes Leid darf nicht relativiert werden. Beim Selbstmitgefühl geht es darum, dass du dich gedanklich und auch ganz real mit Menschen verbindest. Du bist nicht allein in deinem Schmerz. Ich erlebe das immer wieder in meiner Gruppe für Frauen in schwierigen Lebenssituationen. Es ist verbindend und tragend, wenn wir gemeinsam erleben, dass wir alle Schmerz erlebt haben. Wir sind nicht allein damit. Wir sind auch im Schmerz verbunden. In unserer Gruppe sind wir uns dessen künstlerisch gewahr geworden, indem wir unsere Porträts (Abb. 5) miteinander verbunden haben. Selbstmitgefühl bedeutet nicht Selbstmitleid, denn wir bleiben nicht in der Opferrolle hängen, sondern nehmen unser Leid an.

(3) Achtsamkeit / Akzeptanz

»Ich höre sie, die Geräusche meines Waldes, das Krachen der Äste und das Rauschen der Blätter, das Raunen der Wurzeln und das Gekicher der Gräser, die leisen Laute der schlafenden Blumen. Die Würmer und Käfer, das Geraschel meiner Freundinnen, der Mäuse, die Rufe der Vögel, die Füchse, die Rehe, die Hasen. Die Kreuzspinnen, die Pilze, die Erde. Und meine Elfen. Ich sehe den Zauber, den sie in die Luft weben, wie gesponnenes Silber. Es ist Mittsommer, so viel weiß ich noch, und ich bin die Königin hier«, beschreibt es Melanie Raabe in ihrem Roman »Die Kunst des Verschwindens«.[77]

75 Maté (2023, S. 421).
76 Brown (2017, S. 164).
77 Raabe (2022, S. 7).

Abb. 5 Verbundenheit – Gruppenbild Frauenbilder

Wo Menschen trauern, trauere mit!
Wo Menschen sich freuen, freue dich mit!

Japanisches Sprichwort

Achtsamkeit klingt für viele nach einer Meditationspraxis, die nur Eingeweihte wie spirituelle Lehrer oder Yogaschülerinnen praktizieren. Achtsamkeit ist allerdings etwas sehr Natürliches und geht »eigentlich« ganz einfach. Achtsamkeit ist ein Zustand. Wir halten inne, tauchen ein in den Moment. Wir nehmen wahr, haben einen klaren Blick darauf, wie es ist, wie die Dinge in diesem Moment sind. Wir richten die Aufmerksamkeit auf das, was ist, ohne es zu bewerten oder ändern zu wollen. Auch schlimme Ereignisse, schlechte Gefühle oder traurige Erlebnisse nimmst du erst einmal nur wahr, ohne sie zu bewerten. So ist es, könnte ein innerer Satz lauten. Die Dinge dürfen so sein, wie sie sind. Das bedeutet, dass wir auch das Leid und den Schmerz spüren. Das ist radikale Akzeptanz.

Kunst ist die Wissenschaft der Stille.

Wir können bereits durch die schlichte Tätigkeit des Malens Selbstmitgefühl entwickeln und Achtsamkeit üben. Es ist interessant, sich selbst zu beobachten, während man malt. Beim Malen kannst du üben, was du auch im normalen Alltag umsetzen möchtest. Einen liebevollen Umgang mit dir selbst! Der englische Landschaftsmaler des 19. Jahrhunderts, John Constable, sagte einmal: »Malen ist für mich nur ein anderes Wort für Fühlen.« Das Malen eignet sich auch deshalb so gut zur Stärkung deines Selbstmitgefühls, weil du unweigerlich ins Fühlen kommst und mit dem Unkontrollierbaren konfrontiert wirst. Du wirst aus deiner Sicht »Fehler« machen, weil etwas nicht so gelingt, wie du es dir vorgestellt hast. Es kann auch sein, dass dein innerer Kritiker sogar das gesamte Bild infrage stellt, nach dem Motto: »Ich hab dir doch gleich gesagt, dass du nicht malen kannst«. Es werden Dinge einfach von alleine entstehen, ohne dass du sie geplant hast. Sei bereit, diese Abweichungen in dein Bild zu integrieren. Wie im wirklichen Leben wirst du beim Malen aufgefordert, aus den Unwegsamkeiten, die dir begegnen, das Beste zu machen. Lass dich überraschen, was auf dem Papier entsteht. Lass dich von dir selbst überraschen.

Wir gehst du mit dir beim Malen um?

- Bemerkst du, wie schnell du dich bewertest beim Malen?
- Du kannst nicht malen, denkst du?
- Mist, das ist nichts geworden, denkst du?
- Jetzt hab ich alles versaut?

- Ich hab das falsch gemacht.
- Ich habe die Aufgabe nicht richtig verstanden.
- Das kann ich niemals jemandem zeigen.
- Welche Sätze sagst du dir?

Die Anwältin

Ich möchte dir in eine Seelengymnastik vorstellen, mit der du dir eine innere Anwältin, eine Fürsprecherin an deine Seite stellen kannst. Sie kann sich auch an deinen inneren Kritiker wenden und für Ruhe und Ordnung sorgen. In meinem ersten Beruf war ich Anwältin. Als Anwältin setzt du dich für die Interessen deiner Mandanten ein. Du bist ganz klar parteiisch. Du verhandelst und kämpfst für ihre Rechte. Auch deine innere Anwältin ist deine Fürsprecherin. Sie kann das große Ganze klar überblicken und ist gleichzeitig voreingenommen zu deinen Gunsten. Sie erhebt die Stimme und formt ihre Argumente nur für dich. Sie ist eine scharfe Denkerin und kann gut argumentieren. Sie kämpft für Gerechtigkeit. Sie ist verschwiegen und übernimmt Verantwortung. Sie verteidigt dich. Sie setzt deine Rechte, Interessen und Ansprüche durch. Sie verhandelt für dich und klagt an. Sie sorgt dafür, dass deine Grenzen beachtet werden, auch von dir selbst. Sie verfolgt deine Ziele, hält dich auf dem neuesten Sachstand und erörtert mit dir verständlich und präzise die nächsten Schritte.
Lass dich bei der Umsetzung deiner inneren Anwältin in ein Bild von dir selbst überraschen. Deine Anwältin darf auch ganz anders daherkommen, als es die Aufgabe suggeriert. Eine Klientin wählte beispielsweise eine Influencerin. Sie kann ihre starke Präsenz und ihr Ansehen in sozialen Netzwerken nutzen, um auf deine Bedürfnisse und Interessen aufmerksam zu machen. Wie sieht deine Anwältin aus?

Die Anwältin,
parteiisch zu deinen Gunsten.

Seelengymnastik
Die Anwältin

Wenn du einen Anteil in dir hättest, der deine innere Anwältin repräsentiert, wie würde der aussehen? Wie zeigt sich diese Fürsprecherin? Ist es eine Person oder eher ein Tier, ein Fantasiewesen, etwas aus der Natur oder etwas Abstraktes? Nimm dir Zeit und bring deine Anwältin auf Papier. Wenn du noch keine konkrete Vorstellung hast, dann beobachte, welche Farben dir als erstes in den Sinn kommen. Vielleicht zeigt sich dir eine erste Form, mit der du beginnen kannst? Alles was auf dem Papier entsteht, das ist genau richtig so.

Fragen an deine innere Anwältin:

- Für was sollte ich kämpfen?
- In welchen Situationen oder bei welchen Menschen könnte ich mich diplomatischer zeigen?
- Wie kann ich besser für meine Rechte einstehen?
- An welcher Stelle in meinem Leben muss ich mich selbst besser vertreten?
- Wie kann ich meine Stimme erheben?
- Wo schweige ich, obwohl ich etwas zu sagen habe?
- Wer oder was macht mich mundtot?
- Wer trägt welche Verantwortung?
- Wem kann ich vertrauen?
- Auf wessen Wort kann ich vertrauen?
- Wo sollte ich vorsichtiger sein?
- Wem sollte ich die Meinung sagen?
- Mit wem sollte ich einen Vertrag schließen?
- Mit wem sollte ich ein Abkommen aufsetzen?
- Wie kann ich Schuld in Verantwortung wandeln?
- Was muss gesühnt werden?
- Versuche ich meine eigene Verantwortung wegzuschieben?

- Bin ich manchmal zu harmoniesüchtig?
- Schließe ich um des lieben Friedens willen faule Kompromisse?
- In welchem Lebensbereich brauche ich mehr diplomatisches Geschick?
- Wie kann ich Frieden in meinem Leben etablieren, ohne meine Bedürfnisse und Wünsche zu unterdrücken?

Maria badet in Selbstmitgefühl - Neuzeitikonen, Hannah Fiand
Instagram: hannahconda456

Das Weiche

Einen inneren Anteil, der vielleicht in der Vergangenheit wenig Gehör bekommen hat, nenne ich »das Weiche«. Was verbindest du damit? Hamburger Speck[78], Wattebausch, Schafsfell, Alpakas. Das Weiche in uns wird mit ganz unterschiedlichen Themen assoziiert. Die eine denkt an die zu schützende verletzliche Seite, der andere an den schwachen Anteil in uns und wieder andere an den wohlwollenden und vergebenden Part. Was ist das Weiche in dir? Oft wird dieser Teil aus Angst vor Verletzlichkeit und Schwäche verborgen. Der weiche Anteil könnte auch jener Anteil sein, der dir Fehler nachsieht, dich wärmt und nährt, für dich da ist und sorgt. Wie ein flauschiges Kuscheltier ist er immer für dich da. Er kann dich halten und wärmen. Er kann ein Teil des Selbstmitgefühls sein.

Zur Bedeutung von *weich* – Duden online[79]

- nicht hart oder fest, sondern einem Druck leicht nachgebend; so beschaffen, dass ein Verändern der Form leicht, mit geringem Kraftaufwand möglich ist. Beispiel: »weiche Kissen, Polster«
- nicht hart oder rau, sondern geschmeidig, sich schmiegsam, zart, seidig, wollig o. Ä. anfühlend. Beispiel: »Ein weicher Pullover, Pelz«

Seelengymnastik
Das Weiche

Wenn es einen Anteil in dir gäbe, der ganz weich und flauschig ist, wie würde der aussehen. Der Anteil ist gütig und kuschelig, geschmeidig und schmiegsam, zart und nachgebend. Ist es etwas Abstraktes oder gar eine konkrete Figur? Wenn du noch keine Idee vor Augen hast, dann lass dich von den Farben inspirieren. Welche Farbe zieht dich an, wenn du an weich denkst? Welche Form kommt, möchte dazu auf das Papier?

---

78 *Hamburger* Süßigkeiten-Spezialität, weiche Marshmallow-Würfel.

79 https://www.duden.de/rechtschreibung/weich (17.12.2022).

Das Weiche – Bild einer Klientin

Fragen an das Weiche:

- Welche Botschaft hat das Weiche für mich?
- An welches Gefühl erinnert es mich?
- Welche Ahnung erweckt es in mir?
- Was darf weicher werden in meinem Leben?
- Wo bin ich zu hart mit mir oder anderen?
- Was ist zu hart geworden in mir?
- Kann ich verweilen und mich dem Leben hingeben?
- Bin ich in Kontakt mit meinen Gefühlen?
- Wie kann das Weiche dabei helfen, meine Gefühle zu beleben?
- Was berührt mich?
- Wo fühle ich mich zu schwach?

Ruhe ist viel wert,
Sagte das Nilpferd
Und setzte sich auf was Weiches.
Der Elefant tat ein Gleiches.

Joachim Ringelnatz

Abb. 6 Der Eremit – Collage aus der Gruppe Frauenbilder

Der Eremit

Der Eremit wandert ohne Angst vor der Dunkelheit
und den tückischen Pfaden durch die Berge
auf dem Weg deiner inneren Reise.
Er hält sein Licht in die Finsternis des Unbewussten
und enthüllt, was einst verborgen war.
Er fordert von uns Selbstreflexion,
öffnet Raum für Wachstum und
sorgt für Klarheit in einem überladenen Geist.[80]

Kennst du das, dass du dich allein sogar einsam fühlst? Vielleicht bist du sogar innerlich allein, obwohl Menschen um dich herum sind. Der Eremit, den ich mit dir künstlerisch erwecken will, zieht sich ganz bewusst zurück. Er sucht die Einsamkeit. Er steht für die bewussten Phasen des Alleinseins. Er lässt sich durch niemanden und nichts stören. Er ist zentriert und auf die Innenschau fokussiert. Er kehrt ganz bewusst dem Trubel der Welt den Rücken zu. Damit schützt er sich auch vor fremden Ratschlägen und der Beeinflussung von außen. Der Eremit ist auf dem Weg zu sich selbst. Denn er weiß, die wichtigen Antworten schlummern im Inneren. Er weiß in der Tiefe seines Denkens, Handelns und Fühlens, wer er im Kern ist und welche Absicht er verfolgen will. Der Eremit zeigt dir die Antworten in dir. Du kannst sie finden, wenn du dich zurückziehst.
In Abb. 6 ist ein Eremit einer Klientin aus meiner Gruppe Frauenbilder zu sehen. Mit ihrem Zauberstab könnte es auch eine Magierin sein. Die Magie des Lebens lässt sich tatsächlich oft im Rückzug und der inneren Einkehr entdecken.

Allein sein zu müssen ist das Schwerste,
allein sein zu können das Schönste.

Hans Krailsheimer

80 Sinngemäß aus dem Englischen, auszugsweise: Hundley (2020, S. 198).

Seelengymnastik
Der Eremit

Wie sieht dein Eremit aus? Geh mit ihm in die Einsamkeit. Wohin zieht er sich zurück? Wie sieht es dort aus? Wie sieht dein innerer Einsiedler aus? Setze ihn künstlerisch um. Es kann ein Mensch sein, ein Tier, ein anderes Wesen. Es ist dein innerer Anteil.

Fragen an den Eremiten:

- Kann ich mit mir allein sein?
- Bin ich gern allein?
- Nehme ich mir Zeit für mich?
- Halte ich es mit mir aus?
- Glaube ich an mich?
- Wie stehe ich zu dem Thema Alleinsein?
- Ziehe ich mich zu viel zurück?
- Was mache ich, wenn ich allein bin?
- Fühle ich mich einsam, wenn ich allein bin?
- Fühle ich mich unter Menschen einsam?
- Wann habe ich mir Zeit für mich allein genommen?
- Habe ich ein schlechtes Gewissen, wenn ich Zeit für mich haben will?
- Wie sieht es im Inneren aus?
- Welcher Absicht folge ich?
- Wer bin ich, wenn ich allein bin?

Ich habe dich so lieb

Ich habe dich so lieb!
Ich würde dir ohne Bedenken
Eine Kachel aus meinem Ofen
schenken.

Joachim Ringelnatz[81]

81 Auszug aus dem Gedicht »Ich habe dich so lieb« von Joachim Ringelnatz.

19.2. Selbstliebe

Was ist Selbstliebe? Was hat Selbstmitgefühl damit zu tun? Nach der Definition des US-Psychologen Morris Rosenberg bedeutet Selbstliebe »das subjektive Empfinden seines eigenen Wertes, die Wertschätzung der eigenen Persönlichkeit, die Zufriedenheit mit sich selbst«. Es gibt viele Definitionen, die in eine ähnliche Richtung gehen. Selbstliebe bedeutet, dass du dich so annimmst, wie du bist. Du brauchst für eine gesunde Selbstliebe daher Selbstmitgefühl. Dazu gehört, dass du auf deine Bedürfnisse Rücksicht nimmst, für dich sorgst und liebevoll mit dir umgehst. Du feierst dich selbst, machst es dir schön, vergibst dir Fehler, behandelst dich wie den liebsten Menschen auf der Welt. Klingt das egoistisch? In Abgrenzung zu einer übertriebenen Selbstbezogenheit oder gar einem pathologischen Narzissmus gehört zur Selbstliebe, dass du auch mit anderen liebevoll und respektvoll umgehst. Narzissmus in seiner positiven Kraft bringt uns in Aktion, lässt uns im Rampenlicht stehen und Menschen begeistern. Selbstbezogenheit beschreibt daher nicht automatisch eine narzisstische Persönlichkeitsstörung. In seiner pathologischen Form ist Narzissmus zerstörerisch und oft menschenverachtend. Menschen mit einer narzisstischen Persönlichkeitsstörung benutzen andere zur Selbstspiegelung, Bestätigung und um sich zu spüren. Im Fokus steht eine Selbstbewertungsstörung. Gefühllose und die Selbstständigkeit des Kindes unterdrückende Erziehungsmuster sind symptomatisch für Verhaltensweisen von Narzissten. Ich habe das Thema des pathologischen Narzissmus ausführlich in meinem Buch »Die Weisheit der weiblichen Wunde: Unterstützung aus der Kreativapotheke« (mit Andrea Wandel) erörtert. Gerade für Menschen, die – wie übrigens auch ich – in einem pathologisch narzisstischen Umfeld aufgewachsen sind, ist es oft sehr schwer, in ihre volle Kraft zu gehen. Selbstmitgefühl ist der Weg dorthin.

God doesn't make junk.

19.3. Selbstwertgefühl

Du bist jeden Wunsch wert, jeden Traum.
Fordere, was dein ist, fordere, was du brauchst.

Lorriane Anderson, Julier Diaz[82]

Immer wieder kommen Klient*innen mit dem Anliegen in meine Praxis, ihr Selbstwertgefühl verbessern zu wollen. Aber was bedeutet das eigentlich? Welche Anliegen verbergen sich hinter dem Wunsch, sein Selbstwertgefühl stärken zu wollen? Und was hat das mit Selbstmitgefühl zu tun?

Selbst | wert | ge | fühl

Gefühl für den eigenen Wert, heißt es im Duden online[83]

Woher kommt das Gefühl für den eigenen Wert? Der Selbstwert besteht aus drei Komponenten:

- Der Kopf fragt: Welches Bild habe ich von mir, wer bin ich?
- Das Gefühl fragt: Wie gut bin ich?
- Der handelnde Teil in uns fragt: Kann ich das?

Der Selbstwert setzt sich zusammen aus der Selbstbeobachtung, dem Vergleich mit anderen und dem Feedback durch andere. In diesem Dreiklang beurteilen wir unseren Selbstwert und beantworten die oben genannten Fragen entsprechend. Das Selbstwertgefühl ist damit das Ergebnis einer subjektiven Bewertung, die sich auf Erfahrungen stützt. Du ahnst sicher schon, dass das alles sehr davon abhängt, was dir vermittelt wurde und in welchem Umfeld du lebst. Wer beispielsweise als Kind immer wieder gehört hat »Das kannst du sowieso nicht«, glaubt es später selbst. Wer Liebe und Zuwendung nur gegen Leistung bekommen hat, zweifelt an seinem Selbstwert, wenn er keine Leistung vorzuweisen hat. Diese Bewertungsstrategien

82 Anderson, Diaz (2022, S. 51).
83 Duden online Selbstwertgefühl https://www.duden.de/rechtschreibung/Selbstwertgefuehl (25.10.2022).

passen zu unseren Anforderungen in einer Leistungsgesellschaft, die uns glauben macht: »Du bist etwas wert, wenn du etwas hast und leistest«. Das klassische Selbstwertgefühl entspringt einem statischen Selbstbild. Erfolg bedeutet, gute Noten zu haben, der oder die Beste zu sein. Fehler werden gleichgesetzt mit einem Mangel an Kompetenz. Fähigkeiten und Intelligenz werden als vorgegeben bewertet und scheinen wenig veränderbar.
Lange Zeit hat die Psychologie die Wirkungen des Selbstwerts untersucht und einen stabilen Selbstwert als Allheilmittel für psychische bzw. soziale Probleme verstanden. Die Forschungsergebnisse haben dieses Konzept allerdings nicht bestätigt.[84] Das Problem mit dem Selbstwert ist ziemlich offensichtlich, denn die eigene Beurteilung wird stark vom Außen geprägt. Nun sind Feedbacks per se nichts schlechtes, sie sind allerdings mehr oder weniger stark gefärbt durch die Person, die eine Rückmeldung gibt. In der Kindheit sind das Eltern, Schule, Freunde. Oft werden Zuwendung und Liebe mit der Forderung nach Leistung verknüpft. So lernen Kinder, dass sie nur etwas wert sind, wenn sie alles richtig machen und etwas leisten.

Selbstwert 2.0

Wir können diesen Mustern, die wie Tapeten im Hintergrund unser Leben gestalten, entkommen und unser Mindset verändern. Der Selbstwert 2.0 stützt sich auf ein dynamisches Selbstbild. Dieses geht davon aus, dass man Fähigkeiten entwickeln und aus Fehlern lernen kann. Erfolg bedeutet zu lernen, um zu wachsen, um etwas zu verstehen. Fehler werden als Entwicklungschance bewertet. Menschen mit einem dynamischen Selbstbild denken wachstumsorientiert. Bei Misserfolg überlegen sie, was sie noch entwickeln oder verändern möchten. Um einen solchen Mindshift zu vollziehen, müssen wir unsere Sicht auf uns selbst verändern. Mit unserer Geburt bringen wir alles mit auf die Welt, was wir brauchen, um wertvoll zu sein. Wir sind genau so richtig, wie wir sind. Wir brauchen keine Anforderungen zu erfüllen, um einen Wert auszufüllen. Das ist übrigens auch mit der in Artikel 1 Grundgesetz verbrieften Menschenwürde gemeint.
Um diese Erkenntnis zu verinnerlichen, hilft uns das Selbstmitgefühl. So wie wir uns unsere Fehler verzeihen und sie als Entwicklungsimpuls an-

84 Neff (2011).

nehmen, so müssen wir im Umkehrschluss unsere eigenen Leistungen auch selbst mehr wertschätzen.

Mache jemandem ein Kompliment, nämlich dir selbst!

Kennst du das Sprichwort: »Eigenlob stinkt«? Eines von vielen deutschen Sprichwörtern, die uns in unserer Selbstwahrnehmung und damit auch in unserem Selbstwertgefühl einschränken. Schmeiß die alten Glaubenssätze über Bord und klopf dir auf die Schulter. Zu einem gesunden Selbstwertgefühl gehört, dass wir mit Fehlschlägen umgehen und unsere Leistungen wertschätzen können. Unser größter innerer Schritt besteht darin, uns von den alten Dogmen der Einengung zu verabschieden. Eigenlob ist das beste Parfüm für dich. Oft nehmen wir unsere kleinen und großen Visionen und Erfolge gar nicht richtig wahr, sie scheinen selbstverständlich. Unsere auf Leistung gedrillte Gesellschaft suggeriert uns, dass Dauerleistung auf Hochtouren völlig normal ist. Daher ist es wichtig, dass wir ganz bewusst innehalten und hinschauen. Übrigens belegen Studien sogar, dass ein leicht übertriebenes Selbstvertrauen wie eine positive selbsterfüllende Prophezeiung wirkt. Es fördert Kreativität, Zuversicht, Durchsetzungsvermögen und Leidensbereitschaft.[85] Zu einer gesunden Eigenliebe gehört, dass wir unsere Erfolge und Leistungen nicht nur anerkennen, sondern am besten auch feiern.

Mit Pinsel und Farbe
transformierst du Angst und Chaos
in etwas Ruhiges und Friedvolles.

---

85 Ayan (02.22, S. 21 ff.).

Wofür möchtest du dich loben und feiern?

Seelengymnastik
Das hast du gut gemacht!

Was ist dir heute und in letzter Zeit gut gelungen? Das können kleine Dinge sein oder große. Denk an den Moment. Wo warst du in diesem Moment? Wie sah es um dich herum aus? Gab es einen Klang, ein Geräusch, einen Geruch? Wie hat sich das angefühlt?

Nimm eine Hand und heb sie in die Luft, leg sie auf die gegenüberliegende Schulter und dann klopfe ein paar Mal. »Das hab ich gut gemacht«, kannst du dazu tönen. Wenn es dir besser gefällt, dann klopf dir auf die Brust in Höhe des Herzens oder mache etwas ganz anderes, einen Luftsprung beispielsweise. Je öfter du das praktizierst, desto einfacher wird es.

Eigenlob duftet.

19.4. Selbstwirksamkeit

Abb. 7 Die Kriegerin – Bild einer Klientin

Komisch ist, dass wenn man sich nicht mehr respektlos behandeln lässt, die Leute anfangen, einen als schwierig zu bezeichnen.

Tom Hardy[86]
Britischer Schauspieler

Selbstliebe, ein dynamisches Selbstwertgefühl und der Glaube an die eigene Selbstwirksamkeit helfen dir, in deine Kraft zu gehen. Wenn du dich selbstwirksam erlebst, dann fühlst du dich dazu befähigt, aus freien Stücken Verantwortung für dich zu übernehmen. Selbstwirksamkeit bedeutet also, dass du daran glaubst, gezielt Einfluss auf die Dinge und die Welt zu haben. Bist

86 Visual statements https://www.visualstatements.net/visuals/visualstatements/komisch-ist-dass-wenn-man-sich-nicht-mehr-respektlos-behandeln-laesst-die-leute-anfangen-einen-als-schwierig-zu-bezeichnen-tom-hardy/ (23.5.2023).

du von deiner eigenen Handlungsmacht überzeugt, wird dir eine anspruchsvolle Aufgabe eher als Herausforderung begegnen. Es gibt keine Selbstwirksamkeit, wenn du »gut« und »brav« sein musst, von jedem gemocht werden willst, Erwartungen anderer erfüllst. Menschen mit einem guten Gefühl von Selbstwirksamkeit zeigen die niedrigste Auffälligkeit für Angststörung und Depression. Oft erlernen wir in unserer Kindheit eine Form der Hilflosigkeit, wenn von den Eltern, der Schule, der Umgebung nicht in unsere Fähigkeiten und unsere Autonomie investiert wird. Wir hören dann beispielsweise Botschaften wie »Das kannst du nicht« oder »nimm dich nicht so wichtig«. Wir müssen die alten Glaubenssätze abschütteln und in unsere Kraft investieren.

Zu unserer Selbstwahrnehmung gehört, dass wir uns zutrauen, schwierige Situationen zu meistern und uns nicht ohnmächtig zu fühlen. In Krisen fallen wir auf die archaischen Grundmuster zurück, Flucht, Angriff oder Erstarrung. Wir fühlen uns hilflos, ohnmächtig, alleingelassen. Wir haben den Eindruck, die Kontrolle zu verlieren und nichts mehr tun zu können. Wie kommen wir raus aus dem Muster der Ohnmacht? Der erste Schritt ist ein Gefühl dafür zu entwickeln, wieder die Zügel in der Hand zu haben. Was hilft uns, unsere Selbstwirksamkeit zu stärken?

→ Bewältigung schwieriger Situationen

Wenn man in der Vergangenheit schwierige Situationen gemeistert hat, dann stärkt das den Glauben in die eigenen Fähigkeiten auch für die Zukunft. Dazu ist es wichtig, dass wir solche Krisenbewältigung nicht *dem Zufall* zuschreiben oder auf *Glück* verweisen, sondern Erfolge uns selbst attestieren. Frage dich: Welche Krisen hast du in deinem Leben bewältigt? Wie hast du das gemacht? Was hast du daraus gelernt? Wir können aber auch stellvertretende Erfahrungen sammeln, indem wir Menschen beobachten, die aus Krisen gestärkt hervorgehen.

Niedrigschwellige künstlerische Aufgaben helfen dir, das Vertrauen in die eigenen Fähigkeiten zu stärken. Ich erlebe immer wieder in meinen Gruppen, dass Betroffene an den eigenen künstlerischen Fähigkeiten zweifeln. Wenn am Ende der Stunde ein wunderbares Kunstwerk entstanden ist, strahlen sie über das ganze Gesicht. »Ich hätte nicht gedacht, dass ich das schaffe«, heißt es dann. Dazu ist wichtig, dass du dir die künstlerischen Aufgaben leicht machst. Beispiele findest du in diesem Buch. Donald Winnicott, ein Kinderarzt und Psychoanalytiker, konstatiert, dass Kunst als ein Zeichen von Gesundheit, im Sinne von Autonomie und Selbstbestimmung, verstanden werden kann. Nur durch ein gesundes Maß an Kreativität kann man eigene Entscheidungen treffen und Autonomie erlangen. Fehlende Kreativität führe zu einer gewissen Übergefügigkeit, die oftmals eine »krankhafte Basis für das Leben darstellt«, so Winnicott.[87]

→ Verbale Ermutigung durch andere

Verbale Ermutigungen durch andere unterstützen den Prozess, soweit man der Person vertraut. Besteht eine positive, stabile und tragfähige Beziehung, dann wirkt Ermutigung verstärkend. Für mich gehört dazu eine Arbeit auf Augenhöhe. Das bedeutet, dass ich als Gesprächs- und Kunsttherapeutin die Menschen wie eine Reiseführerin begleite. Ein wertschätzender Umgang ist dafür unabdingbar. Suche dir Menschen, die dich unterstützen, die dich ermutigen. Meide Menschen, die dir Energie rauben, die dich und andere bewerten.

→ Vermeidung von Stress

Positive Emotionen steigern die Selbstwirksamkeit, Stress und Anspannung reduzieren sie. Das bewertungsfreie Malen führt uns automatisch zurück in den Moment. Nicht zu unterschätzen ist dabei das künstlerische Tun selbst, den Pinsel halten und in Wasser tauchen, die Farben auf dem Papier fließen lassen.

→ Imaginäre Erfahrung

Wenn wir uns in unserer Vorstellung in eine Situation hineinbegeben, in der wir die Krise bewältigt haben, dann fördern wir ein Gefühl der Selbstwirksamkeit. Wir gehen mit unserer Aufmerksamkeit in die krisenfreie Zukunft. Auch dafür bietet die Kunst eine Möglichkeit. Mittels der Imagination können wir Zukünftiges antizipieren und Unbekanntes sichtbar machen. Kunst ist Imagination. Wir können kreativ einen Ausdruck für die gelöste Krise finden. Wie sieht deine Welt aus, wenn das Problem verschwunden ist?

---

87 Winnicott, Erdmann (2018, S. 73).

Abb. 8 Die Kriegerin – Bild einer Klientin

Nur Prinzessinnen richten ihr Krönchen.
Eine Kriegerin zieht ihr Schwert.

Die Kriegerin

»Wenn Selbstzweifel Sie beschleichen«, sagte sie und wandte sich wieder dem Publikum zu, »wenn die Angst Sie packt, denken Sie immer daran, dass Mut der Grundstein für Veränderung ist. Und wir sind chemisch dazu angelegt, uns zu verändern.«

Aus dem Roman »Eine Frage der Chemie« von Bonnie Garmus[88]

Ich möchte dir eine Praxisidee vorstellen, die du für dich umsetzen kannst. Das imaginative Denken ermöglicht dir, hinter den Schein der Dinge zu sehen. Es schenkt uns den Zugang zu Ganzheit im Sinne von Heilung.[89] Der Archetyp der Kriegerin folgt deinem selbstwirksamen Anteil. Die Kriegerin ist der Anteil in dir, der dich bei Gefahr schützt. In Abb. 7 und 8 siehst du zwei Beispiele einer inneren Kriegerin. Die Kriegerin übernimmt die Führung, trägt die Verantwortung für das, was sie tut. Sie steht für sich und andere ein und artikuliert es deutlich nach außen. Sie weiß genau, wann und wofür es sich zu kämpfen lohnt. Sie verschwendet keine Kraft für energieraubende Kämpfe. Sie kämpft nicht blind gegen etwas, sondern setzt sich für etwas ein. Die Kriegerin kann klare Grenzen setzen und diese verteidigen. Sie ist selbstbestimmt und unabhängig. Die Kriegerin hilft uns, mit Gefühlen wie Ohnmacht, Hilflosigkeit und Wut (besser) umzugehen. Unterdrückte Wut führt zu Scheinharmonie und fördert eine Opferhaltung. Unsere Gefühle lassen sich eine Zeit lang unterdrücken. Unter der Oberfläche aber brodelt es weiter. Insbesondere Frauen haben oft keinen Zugang zu ihrer Wut. Wir haben Angst vor der eigenen Wut, Angst vor der zerstörerischen Kraft, Angst vor Einsamkeit, weil Wut Distanz schafft. Die Schattenseite der Wut ist die Zerstörung. Wut ist aber von der lichten Seite aus betrachtet Energie. Sie fordert uns auf, unsere Stimme zu erheben, die eigene Meinung zu äußern, für die eigenen Wünsche einzutreten, Grenzen zu setzen und handlungsfähig zu werden. Wut sagt: »Stopp, hier stimmt etwas nicht«. Wut schenkt die Kraft zur Veränderung. Friederike von Aderkas[90] extrahiert in ihrem lesenswerten Buch »Wutkraft« die Nachricht der Wut in folgende vier Bereiche. Die Botschaft der Wut lautet: (1) Das stimmt für mich nicht. (2)

88 Garmus, (2022, S. 425).
89 Maté (2023).
90 von Aderkas (2021, S. 234).

Damit sorgt die Wut für Klarheit. (3) Sie verlangt nach einer Handlung. (4) Ihre Schattenseite liegt in ihrer Zerstörungskraft, vor allem wenn der Handlung nicht nachgegeben und die Wut unterdrückt wird. Dann explodiert es irgendwann.

Wut ist eine Gefühlsreaktion, keine Bestie, die wir im Keller halten.

Wut ist eine Verteidigungsoffensive der eigenen Grenzen, wenn wir eine Bedrohung für unser Leben oder unsere körperliche wie emotionale Integrität empfinden. Gesunde Wut sei eine spontane Gefühlsreaktion, keine Bestie, die wir im Keller halten, indem wir sie mit Scham oder selbstrechtfertigenden Erklärungen füttern, beschreibt es der Arzt Dr. Maté.[91] Die Botschaft gesunder Wut ist ein starkes Nein. Erst wenn wir das aufsteigende Gefühl zu lange unterdrücken, entfaltet die Wut ihre toxische Sprengkraft. Wir mutieren vom Schmusehund zum Katzenschreck. Die Wut spiegelt das Feuer, das reinigen kann oder zerstören. Unterdrückte Wut bedeutet, dass man die Aufforderung zur Handlung unterlassen hat. Dadurch wird die Wut größer, bis sie sich ihren Weg bahnt. Showtime. Das Sicherheitssystem versagt. Nur wenn sich die Wut angestaut hat, entfaltet sie eine zerstörerische Sprengkraft. Die Luft wird dünner. Das Sicherheitsventil hält dem Druck nicht dauerhaft stand. Explosion. Attacke. Katastrophe. Wir reagieren völlig über. Die Zerstörung ist exorbitant. Wie kannst du Druck ablassen, bevor es explodiert?

Seelengymnastik
Die Kriegerin

Wie sieht deine innere Kriegerin aus? Ist es ein menschliches Wesen oder eine Fantasiefigur, ein Tier, ein abstraktes Bild? Du bestimmst selbst, wie sie aussieht. Dafür gibt es keine Vorschriften, kein Richtig und kein Falsch. Setze deine Kriegerin künstlerisch um. Welches Material, welche Farben du dafür benutzt, bleibt dir überlassen. Mache es dir ganz einfach.

91 Maté (2023, S. 440).

Fragen an die Kriegerin:

- Wie sieht meine Kriegerin aus und was kann ich daraus für mich schließen?
- Welche Botschaft hat sie für mich?
- An welcher Stelle lohnt es sich für mich zu kämpfen?
- Wo sollte ich die Opferrolle verlassen, ohne Täter zu werden?
- Wo sollte ich für Kämpfe nicht zur Verfügung stehen?
- Wofür will sie mir ihre Kraft schenken?
- An welcher Stelle kann ich das Schwert ziehen, um Klarheit zu schaffen?
- Wofür trage ich Verantwortung und sollte dafür einstehen?
- Wie stehe ich zum Thema Macht?
- Kann ich Grenzen setzen und wahren?
- Welche Grenzen will ich überwinden?
- Gegen welche Drachen muss ich kämpfen?
- Wozu möchte ich Ja sagen, statt immer nur nicht Nein?
- Schieße ich manchmal über das Ziel hinaus?

Man kann alles zurücknehmen,
außer einen abgeschossenen Pfeil und ein gesprochenes Wort.

Weisheit der Native American

Abb. 9 Die innere Architektin – Bild einer Klientin

Die Architektin

Ein weiterer innerer Anteil, den du in dir erwecken kannst, um deine Selbstwirksamkeit zu unterstützen, ist deine innere Architektin. Sie klärt mit dir, wer du bist und wer du sein willst. Sie zeigt deine nach außen sichtbare Persönlichkeit. Die Architektin bringt Impulse, Ideen und spirituelle Schöpfungskräfte zusammen und setzt Pläne um. Falls du unsicher bist, welche Entscheidung du treffen willst, kann sie dich unterstützen. Die Architektin baut dir dein inneres Haus, sie gibt dir Raum. Sie hat Sinn für das Schöne und Ästhetische. Sie kann abstrakt denken, Konzepte entwickeln und diese in die Tat umsetzen. Sie ist ein Symbol für Planung und Design. Sie ist kreativ und strukturiert zugleich. Sie kann erschaffen und errichten. Sie sieht die größeren Zusammenhänge der natürlichen Ordnung. Die Architektin beschäftigt sich mit den Wechselwirkungen zwischen dir und der Umwelt. Sie verkörpert deine Werte und Ziele, die sie für dich im Außen ausdrücken will.
In meiner Gruppe »Frauenbilder« entstanden die in Abb. 9 und 10 dargestellten Bilder. So unterschiedlich kann eine innere Architektin aussehen. Wir haben uns gefragt: Was sagt sie, die Architektin, wenn wir sie anschauen? Zur Abb. 10 beispielsweise gab es aus der Gruppe folgende Rückmeldungen:

»Hab keine Angst«
»Ich beschütze dich«
»Es geht um die Verbundenheit zu dir selbst«
»Ich brenne für dich«

Seelengymnastik
Die Architektin

Wie sieht deine innere Architektin aus? Stell sie dir ganz konkret vor, wie eine Rolle in einem Spielfilm oder auf der Theaterbühne. Wie sieht sie aus, welche Kleidung trägt sie, wie alt ist sie, welche Körperform hat sie, welche Augenfarbe, welche Haarfarbe, welche Hautfarbe, wo lebt sie, wie sieht ihre Umgebung aus?

Fragen an deine Architektin:

- Was sagt mir meine innere Architektin?
- Was soll ich ordnen?
- Was kann ich erschaffen?
- Was will ich entwickeln?
- Was soll ich abreißen?
- Welche Zusammenhänge erkenne ich?
- Welche Konzepte will ich entwickeln?
- Was kann ich besser strukturieren?
- Was ist meine Vision und der Plan zur Umsetzung?
- Wo lasse ich mich gern nieder?
- An welchem Ort möchte ich sein?
- Gibt es einen Kraftort für mein inneres Haus?
- Was möchte ich erbauen?

Wir müssen danach streben, Natur, Gebäude und Menschen in einer höheren Einheit zusammenzubringen.

Le Corbusier
Architekt, Maler und Möbeldesigner

Abb. 10 Die innere Architektin – Bild einer Klientin

Der Hausmeister

Der eigene Körper als Haus und als Wohnort für die Seele ist eine schöne Metapher, die wir für unseren nächsten künstlerischen Impuls nutzen können. Das metaphorische Bild vom Haus ist eine Erinnerung daran, auf sich selbst aufzupassen. In der Traumdeutung kann das Haus unsere inneren Gedanken repräsentieren. Unser reales Haus oder unsere Wohnung ist in unserem Alltag wie ein Nest, ein Rückzugsort. Mit einem Haus verbinden wir gewöhnlich Geborgenheit, Wärme, Schutz und Sicherheit. Es ist Teil unserer Sehnsucht nach der idealisierten Kindheit im Elternhaus. »Das eigene Haus bedeutet aber auch ein Festgelegt-Sein, ein Stück Unfreiheit: Individualität wird zur Konformität, Freiheit zur Festlegung, Sicherheit zur Abhängigkeit. Möchte man sich im Haus selbst eine mütterliche Hülle schaffen, entdeckt man über kurz oder lang mit unheimlichem Gefühl, dass es auch den Charakter des Grabes annehmen kann. So ist das Haus und jede seiner Formen ein Kristallisationspunkt eines basalen, ambivalenten Autonomie-Abhängigkeitskonflikts«, beschreibt es Hirsch[92] Wer also schützt unser Haus? Oder haben wir es vielleicht zu sehr gesichert?
Unprätentiös können wir ihn den »Hausmeister«, etwas vornehmer »Concierge« nennen. Mir gefällt das klassische Bild vom Hausmeister. Er ist mit der Hausverwaltung, -betreuung und -überwachung beauftragt und wird auch mit Reinigungs- und Instandhaltungsaufgaben betraut. Er ist pragmatisch und gut organisiert, sorgt dafür, dass Altes entsorgt, Kaputtes repariert und Neues angeschafft wird. Und er achtet darauf, wer reinkommen darf ins Haus und wer nicht. Eindringlingen erteilt er Hausverbot, Wiederholungstäter zeigt er wegen Hausfriedensbruch an und ungebetene Gäste wimmelt er ab. Kurzum, er hält das Haus in Ordnung. In Abb. 11 ist ein Bild einer Klientin, das den Hausmeister in eine Kräuterhexe verwandelte.

92 Hirsch (2006), Buchbeschreibung Klappentext.

Abb. 11 Hausmeister als Kräuterhexe – Bild einer Klientin

Seelengymnastik
Der Hausmeister

Wie sieht dein innerer Hausmeister oder deine Hausmeisterin aus? Fühle selbst, ob es eher eine männliche oder weibliche Energie ist. Es kann eine reale Person, eine Fantasiefigur, etwas Abstraktes sein. Wer hütet und schützt das innere Haus und hält es in Ordnung?

Fragen an den Hausmeister:

- Welche Botschaft hast du für mich?
- Wie steht es um mein inneres Haus?
- Was sitzt fest und muss gelockert werden?
- Was muss gereinigt werden?
- Wo muss ich fester anziehen?
- Was muss in Ordnung gebracht werden?
- Was ist reparaturbedürftig in meinem Leben?
- Was sollte ich näher beleuchten?
- Wo brauche ich mehr Licht?
- Welche Zimmer sind unbewohnt?
- Von wem oder was bin ich abhängig?

Meister des Gebäudes
Herr über die Ordnung
Bezwinger der Schäden
Kurzum Hausmeister

Gesehen auf einem T-Shirt-Aufdruck

Der Türsteher

Viele Menschen gehen permanent über ihre Grenzen. Unsere Leistungsgesellschaft verfügt über keine Pause-Taste. Nein sagen ist nicht erwünscht. Denn wenn ich Stopp sage, dann stoße ich andere wohl möglich vor den Kopf. Wir haben nicht gelernt, dass es gut ist, für sich selbst zu sorgen. Es gibt auch Menschen, bei denen das Verständnis und Mitgefühl für andere toxisch wird. Dann nämlich, wenn sie bei der Pflege und Sorge für andere bis zur Selbstaufgabe über ihre eigenen Bedürfnisse und Grenzen hinweggehen. Wenn wir nicht genau hinhören, was unsere innere Stimme uns zu sagen hat, dann holt der Türsteher seinen Lautsprecher raus und schreit Stopp!

»Türsteher – auch Einlasser, Pförtner oder aus dem Englischen Bouncer genannt – gehören zum Wachpersonal, welches in der Regel nur ausgewählte Gäste (…) einlässt und dabei eine augenscheinliche Zutrittskontrolle durchführt«, definiert es Wikipedia.[94] Wir könnten ihn auch Wächter oder Hüter nennen. Er wahrt unsere Grenzen. Anders als der Hausmeister ist er nur für die Bewachung des Zugangs zuständig. Notfalls kann er auch zupacken, die Waffen ziehen. Daher widme ich ihm eine eigene Bühne. Du kannst für dich selbst spüren, ob dir der Hausmeister reicht oder du noch zusätzliches Sicherheitspersonal benötigst.

In Abb. 12 ist ein Türsteher einer Klientin dargestellt. Es ist ein Drache, der mit den Elementen kämpft. Wie sieht dein Türsteher aus?

Seelengymnastik *Türsteher*

Wenn du dir einen Hüter deiner Grenzen erschaffen könntest, wie würde das Wesen aussehen? Ist es ein Mensch, ein Tier, ein Fantasiewesen? Es kann auch eine Tür sein oder alles andere, was dir in den Sinn kommt. Setze deinen Türsteher künstlerisch um.

94 https://de.wikipedia.org/wiki/T%C3%BCrsteher (5.2.2023).

Abb. 12 Türsteher – Bild einer Klientin

»Seit Jahren hetze ich rastlos durchs Leben, mein Stresslevel hat allmählich zugenommen, und jetzt ist schlagartig Sense. Ich sehe mich körperlich nicht dazu in der Lage, zur Arbeit zu gehen. Mir ist, als wäre ich über eine Gummileine mit dem Haus verbunden, die mich jedes Mal zurückzieht, wenn ich versuche, mich auf den Weg zur Arbeit zu machen. Es ist keine kleine Laune von mir, es ist wirklich mein Körper, der sich strikt weigert.«

Katherine May – Wenn das Leben innehält. ÜBERWINTERN.[93]

93 (2021, S. 30).

Fragen an den Türsteher:

- Wie kannst du mir helfen, meine Grenzen zu schützen?
- Hast du einen Tipp für mich, wie ich das umsetzen kann?
- An welcher Stelle muss ich besser auf meine Grenzen aufpassen?
- Wer darf rein, wer muss auf jeden Fall draußen bleiben?
- Wen oder was sollte ich dichter heranholen in meinem Leben?
- Wen oder was möchte ich weiter wegschieben?
- Durch welche Tür sollte ich gehen?
- Durch welche Tür sollte ich jetzt nicht gehen?
- An welcher Tür sollte ich rütteln?

Weil ich der Türsteher bin.
Deshalb.

20. Das Schattenheer aus Kritikern, Saboteuren und Zerstörern

»Der Optiker hatte in sich eine ganze Wohngemeinschaft voller Stimmen. Sie waren die schlimmsten Mitbewohner, die man sich vorstellen konnte. Sie waren immer zu laut, vor allem nach zweiundzwanzig Uhr, sie verwüsteten die Inneneinrichtung des Optikers, sie waren viele, sie zahlten nie, sie waren unkündbar.«

Aus dem Roman »Was man von hier aus sehen kann«
von Mariana Leky[95]

Du kennst sicher auch die ewig nörgelnden Stimmen in dir: »Das kannst du nicht«, »das schaffst du nicht«, »du bist so blöd«. Es geht auch noch heftiger: »Du bist nichts wert«, »es wäre besser, wenn es dich gar nicht gäbe«. Diese alten Stimmen sind sehr hartnäckig und innervierend. Der Kritiker muss nicht unbedingt schreien und schimpfen, er kann sich auch als besorgter Seelenhirte zeigen. »Solltest du das nicht besser so machen, solltest du das nicht besser lassen?«

Diese kritischen Stimmen, die als unerwünschte Untermieter in uns hausen, stehen einer heilsamen Selbstfürsorge im Wege. Wichtig ist, dass die inneren Stimmen identifiziert werden. Hinter den destruktiven Stimmen verbergen sich häufig positive Absichten, die sich allerdings auf eine völlig unangemessene und destruktive Weise bei uns melden. Der innere Kritiker ist ein Anteil von dir, der in deiner Kindheit die bestmögliche Anpassung ermöglichte, um mit einer ausweglosen Situation überhaupt irgendwie umgehen zu können. Wenn wir – wie viele von uns – schmerzhaft erfahren haben, dass nur Leistung belohnt und Fehlverhalten bestraft wird, kann unser innerer Antreiber uns schützen wollen, nicht beschämt und bestraft zu werden. »Mach mehr, mach weiter, nicht anhalten«, »ohne Leistung bist

95 Leky (2022, S. 34).

du nichts wert«. Die für eine Gesundung benötigten Ruhe- und Erholungszeiten für den Organismus werden sabotiert, weil wir zu viel und zu schnell Ergebnisse erzielen wollen. Heilung als Leistungsprinzip. Das erlebe ich immer wieder in meiner Praxis. Diese Boykotteure der Selbstfürsorge sind wie eingefrorene Avatare aus der Vergangenheit. Wie in Fantasy- und Gruselfilmen müssen wir die Untoten befreien, um zu gesunden. Das Schattenheer aus Kritikern, Saboteuren und Zerstörern fürchtet wie Graf Dracula das Licht. Wenn wir uns den destruktiven Anteilen zuwenden, sie verstehen lernen und mit ihnen arbeiten, dann können sie ihre gute Absicht zukünftig auf förderliche Weise mitteilen. Die Bösewichter einfach zu verscheuchen oder in den Kerker zu sperren, das funktioniert leider nicht. Offenheit und Neugierde sind ein erster Schritt. Die Saboteure zeigen sich auch in Verhaltensweisen und Körperreaktionen, die man erst gar nicht mit ihnen in Verbindung bringt.

Diese »dummen Freunde«, wie sie Dr. Maté nennt, oder »loyalen Soldaten« wie sie der Psychologe Bill Plotkin bezeichnet, meinen es eigentlich gut mit uns.[96] Denn sie stammen aus einer Zeit, in der sie uns beschützt haben. Sie sind eingefroren in der Vergangenheit. Sie verkennen, dass die Umstände, in denen sie sich als Schutz entwickelt haben, nicht mehr existieren, wir keine hilflosen Kinder mehr sind. Diese Störenfriede waren schon immer unsere Freunde. Sie haben uns in einer Zeit, in der wir wehr- und schutzlos waren, beschützt. »Wenn die Welt der Erwachsenen – selbst ungewollt – von Kleinkindern oder Minderjährigen verlangt, dass sie Teile ihres wahren Selbst unterdrücken – ihre eigenen Wünsche, Gefühle, Vorlieben -, dann könne sie nicht riskieren, dem nicht nachzukommen, damit die unverzichtbare Bindungsbeziehung nicht gefährdet oder bedroht wird«, so Maté.[97] Wenn du diese vordergründig lauten und kritischen Stimmen hörst, dann sprichst du in Wirklichkeit mit sehr jungen und unschuldigen Anteilen, die geliebt werden wollen. Kinder und Tierkinder besitzen praktisch nicht die Fähigkeit der biologischen Selbstregulierung. Ihre inneren Zustände – Herzklopfen, Hormonspiegel, Aktivität des Nervensystems – hängen vollständig von ihren Beziehungen zu erwachsenen Bezugspersonen ab. Emotionen wie Liebe, Angst oder Wut dienen dem Schutz des Selbst, während sie gleichzeitig

96 Maté (2023, S. 499).
97 Maté (2023, S. 501).

wesentliche Beziehungen zu den Eltern und Bezugspersonen aufrechterhalten.[98]
Wenn du dir den Kritiker für einen kurzen Moment als einen Freund vorstellst, was weißt du über seine Sorgen um dich? Kennst du das Gefühl seiner Hilflosigkeit und Wut, wenn er dich in Gefahr zu sehen meint? Die Bürde und Verantwortung, die er für dich übernommen hat? Seine Unfähigkeit, etwas ändern zu können, obwohl er so gern würde? Seine Sehnsucht und seinen Wunsch, dir Liebe und Anerkennung zu verschaffen? Wollt ihr euch mit Pinsel und Farbe mal näher kennenlernen? Hast du Lust, deinen inneren Kritiker zu malen? Und dann befrage ihn doch mal zu seinen Sorgen und Ängsten.

Mache deinen inneren Kritiker zu deinem Freund.

Was sagt dein innerer Boykotteur?

Frage dich:

- Gibt es innere Stimmen, die dein Selbstmitgefühl boykottieren?
- Was sagt die Stimme?
- Wie klingt die Stimme?
- Wie sieht dieser »Avatar« aus?
- Hat der Übeltäter einen bestimmten Geruch?
- Wie alt ist dieser innere Anteil?
- Was ist seine positive Absicht?
- Warum will er nicht, dass du für dich sorgst?
- Wenn du diesem Teil einen Namen geben solltest, wie würde er lauten?
- Hat er Freunde und Komplizen, die ihn unterstützen?

---

98 Maté (2020, S. 194).

Seelengymnastik
Guten Tag, schön, dass wir uns kennenlernen

Magst du deinen inneren Kritiker näher kennenlernen? Dann male ein Bild vom ihm/ihr. Es ist egal, ob du nur eine Bleistiftskizze malst oder ein Ölbild. Nimm die Materialien, die dir guttun. Wie sieht die Person aus? Ist es ein menschliches Wesen? Wie alt ist die Person? Wo lebt sie? Oder ist es gar eine Fantasiefigur? Lass dich überraschen, was entsteht. Wenn du dein Bild anschließend betrachtest, was ist der eine Satz, den der Kritiker dir unbedingt sagen will? Wovor will er dich bewahren?

Glaube nicht alles, was du über dich denkst.

Byron Katie

Abb. 13 Maske zum Thema »Die Weisheit der Wunde«

Dialog mit meiner Maske

»Jahrtausende lang galt Folter als angemessenes Mittel, um ein Geständnis zu erzwingen, und körperliche Züchtigung wurde häufig eingesetzt, um ein Verbrechen zu ›korrigieren‹. Viele verurteilte Häftlinge waren nur deshalb schuldig, weil sie unangepasst oder anders als die anderen waren. Die sogenannte ›Schandmaske‹ konnte einer Person allein dafür aufgesetzt werden, wenn sie öffentlich fluchte oder sich aufmüpfig verhielt. Aus Eisen geschmiedet hatte sie karikierte Züge: große abstehende Ohren, eine hässliche Nase und manchmal einen grinsenden Mund. Mit Metallbändern wurde sie am Kopf befestigt, dazu legte der Folterknecht dem Opfer ein eisernes Halsband um. Als wäre das nicht genug, wurde den Unglücklichen ein metallischer Knebel von der Innenseite der Maske in den Mund gesteckt.«[99]

Schandmasken waren im Mittelalter Teil der Strafe für Frauen, die der Hexerei beschuldigt wurden. Schamanen indigener Kulturen tragen Masken, um mit den Göttern in Kontakt zu treten. Die ersten Bälle mit ausgefallenen Masken und Kostümen finden wir im venezianischen Karneval des 15. Jahrhunderts. Masken wurden auch zu Festen in Königshäusern getragen. Auch heute noch kleiden wir uns im Karneval mit Kostümen und Masken. Zu Halloween schlüpfen Kinder mit ihren Horrorfratzen in die Rolle angsteinflößender Gestalten, um böse Geister zu vertreiben.

Masken repräsentieren Rollen. Masken heben soziale Kategorien auf und verleihen Macht, Charisma und Mystik. Die Philosophen der Antike verstanden unter Persona das Bild eines Menschen, das er nach außen in der Öffentlichkeit repräsentiert. Eine Person zu sein, hieße danach, eine Maske zu tragen, die verbirgt, was uns wirklich bewegt. Wie sehr uns eine Maske verändert, haben wir in der Coronapandemie erlebt. Die Pflicht zum Tragen einer medizinischen Schutzmaske erhitzte die Gemüter. »Die Maskenpflicht hat Sicherheit, aber auch Verwirrung in den Alltag gebracht. Eine aktuelle Studie der Otto-Friedrich-Universität Bamberg hat ergeben, dass Gesichtsmasken es quasi unmöglich machen, Emotionen des Gegenübers richtig zu

99 Diese Bestrafung wurde in Europa bis Mitte des 18. Jahrhunderts und in den USA bis Mitte des 19. Jahrhunderts praktiziert. Boev, Yufa (2022, S. 54).

deuten. Das ist nicht zu unterschätzen, denn Menschen haben seit jeher das Bedürfnis, ihre Gefühle zu transportieren, weshalb sie Emojis erfanden, um ihre Kurznachrichten anzureichern«, so Simon.[100]
Hinter einer Maske können wir uns verstecken. Mit einer Maske können wir die Grenzen des Gewöhnlichen überschreiten. Eine Maske gibt uns die Möglichkeit, für eine Weile aus dem normalen Leben auszusteigen. Du kannst deine Rollen tauschen und neu definieren. Wenn du die eigenen Rollen durchschaut hast, kannst du sie wie Kleider wechseln und dir auch neue zulegen.

- Welche unterschiedlichen Rollen trage ich (Zuhause, im Beruf, in der Ursprungsfamilie, unter Freunden etc.)?
- Lebe ich meine verletzliche Seite?
- Darf meine verletzliche Seite sichtbar werden?

Masken verbergen, offenbaren, verwandeln.

Maskenrohlinge für Halloween – Kinderatelier

100 Simon https://www.sueddeutsche.de/leben/corona-masken-mimik-1.4922844 (22.7.2023).

Stell dir vor, du könntest deiner größten Wunde ein Gesicht geben, jenem Teil, der dich hat Leid erfahren lassen und der dir immer wieder im Weg steht. Auch dieser Teil hat eine bestimmte Rolle in deinem Leben. Er hält dich davon ab, etwas zu tun oder lässt dich etwas machen, was du eigentlich gar nicht so gern machen möchtest. Er lässt dich als Opfer erscheinen, als Verwundete. Dieser Teil hat zugleich eine unterschätzte positive Kraft. Stell dir vor, du könntest deiner Wunde ein Gesicht geben. Du kannst deine Schattenkriegerin kennenlernen und mit einer Maske sichtbar machen. Wie würde die Maske aussehen?

Seelengymnastik
Dialog mit meiner Maske

Stell dir vor, du könntest deiner Wunde ein Gesicht geben. Wie sieht die Maske aus? Du kannst für deine Maske einen Rohling verwenden, den du im Bastelshop kaufen kannst. Oder du fertigst dir eine Maske aus einem Pappteller, in den du Augen, Nase und Mund mit der Schere schneidest. Du kannst die Maske bemalen, bekleben, schmücken. Lass dich intuitiv leiten.
Wenn deine Maske fertiggestellt ist, dann trete mit ihr in einen Dialog. Das kannst du gern auch schriftlich machen. Hier ein paar Fragen zur Anregung. Finde auch deine eigenen Fragen.

Fragen an die Maske:

- Wer bist du?
- Wo kommst du her?
- Was willst du mir mitteilen?
- Gibt es einen Satz, den du sagen möchtest?
- Was ist deine Botschaft?
- Was ist dein Motto?
- Was möchtest du mir sagen?
- Was ist deine Stärke?

- Was ist deine verletzliche Seite?
- Wenn ich was verändern will, was ist es und wie könnte ich das tun?
- Wenn du ein Geschenk für mich hättest, was wäre es?
- Was soll ich lernen?
- Was ist der nächste Schritt?
- Was sehe ich nicht? Was ist mein blinder Fleck?
- In welchen Situationen setze ich die Maske auf?
- Welche Maske trage ich im Alltag?
- Was befürchtest du, das passieren oder nicht passieren wird, wenn ich die Maske absetze?

Hier ein Beispieltext zur Maske in Abbildung 13, die in einem Maskenworkshop zum Thema »Die Weisheit der Wunde« entstanden ist. Aus der Schattenkriegerin wurde eine weiche Kriegerin.

Die weiche Kriegerin

Meine Schamanin.
Katzenmusik.
Katzenjammer.
Ich bin auf dem Sprung in dein Leben. Ich komme aus der Dunkelheit. Und will dir helfen zu heilen. Ich kann im Dunkeln sehen und auf leisen Pfoten gehen. Die Pfoten der schwarzen Katze.
Wenn ich dir etwas raten darf? Höre auf, dich zu verurteilen und zu bewerten. Ruhe dich mehr aus. Geh in die Stille und genieße das Alleinsein.
Geh den Weg der Dunkelheit. Ich bin immer bei dir.

Du fragst nach meinem Motto?
Schönheit im Herzen,
trotz Schmerzen.

21. Medizin aus der Kreativapotheke

Dr. Sommer – Samera, Künstlergruppe für Geflüchtete

Willkommen in der Kreativapotheke. Wie beim Trainieren des Körpers können wir bei der Seelengymnastik Muskelkater und vielleicht sogar Schmerzen bekommen. Hier findest du Erste-Hilfe, Hausmittel, Booster für dein seelisches Immunsystem, Trostpflaster oder Balsam für die Seele. Es ist kein Geheimnis, spielerisches künstlerisches Schaffen fördert die Intuition und weckt den inneren Heiler, der oft am besten weiß, wo es langgeht. In der Kreativapotheke findest du ein paar einfache kreative Rezepte, die du zur Stärkung einsetzen kannst. Mit dem künstlerischen Ausdruck kannst du einen Quantensprung der Intuition erleben. Denn die Sprache der Intuition drückt sich in Bildern aus. Durch künstlerische Prozesse nehmen wir intuitiv Kontakt auf zu unserem höheren Selbst. Die Künstlerin Marina Abramović beschreibt diesen Kontakt zu einer höheren Ebene des Bewusstseins im Schmerz: »Schmerz ist für mich eine Tür zu einer höheren

Bewusstseinsebene, wo das Innere zu leuchten beginnt. Befreiung kommt, wenn man sich aufgibt und merkt: Es geht ja doch weiter.«[101]

Lass dich von den kreativen Impulsen motivieren, deinen Weg zu mehr Selbstliebe durch Selbstmitgefühl zu gehen. Die Macht der Imagination sei ein evolutionärer Jackpot, unsere Wahrnehmung ist der Schlüssel zu ihrem Verständnis, so Fred Mast.[102] Auch die Psychologin Lisa Miller beschreibt die Fantasie als eine Form der Wahrnehmung, eine Möglichkeit, wegweisende Informationen zu erhalten. »Das Geheimnis besteht darin, die eigene Person nicht von der großen kreativen Quelle im Universum zu trennen«, konstatiert Pearson.[103] Je mehr wir mit der kreativen Ordnung des Kosmos in Kontakt sind, desto mehr sind wir mit unserem inneren, verwandelbaren Teil verbunden. Du kannst die Kraft der Imagination für deine Selbststärkung nutzen. Das mag vielleicht nichts Neues für dich sein. Aber tust du es auch? Setzt du die Einbildungskraft bewusst für dich ein? Meine Erfahrung ist, dass die meisten Menschen diese einfache, aber sehr kraftvolle Ressource der Imagination nicht wirklich umsetzen.

Seelengymnastik
 So ist es

Wie geht es dir gerade? Was bewegt dich? Was stresst dich? Was wünschst du dir? Was steht an? Was brauchst du, damit du dich so annehmen kannst, wie du bist? Mit diesen Gedanken im Hinterkopf kannst du künstlerisch ein Märchen oder einen Comic gestalten. Welche Figuren zeigen sich dir? Wer will im Märchen mitmachen? Wer bist du in diesem Stück? Denke gar nicht so viel darüber nach, sondern lege einfach mit einer Figur los. Wer kommt dir zuerst in den Sinn? Mit dieser Rolle kannst du starten. Auf dem Bild kann eine einzige Szene entstehen oder du malst vielleicht das Cover für das Märchen. Lass dich von dir selbst überraschen. Alles ist möglich.

---

101 Rosmann (2017, S. 43).
102 Mast (S. 9).
103 Pearson (2019, S. 276).

Seelengymnastik
Schreibe dein Seelenmärchen

Zu deinem Bild kannst du anschließend einen Text schreiben. Das kann beispielsweise ein Märchen sein oder auch nur ein kurzes Gedicht. Du kannst es auch als Tagebucheintrag gestalten oder als Kurztext. Wenn du Lust hast, dann greife zur Unterstützung nach einer Zeitschrift und lass dich von Wörtern bzw. Sätzen finden, die dich magisch anziehen. Suche dir zehn Wörter/Sätze, die du in die Geschichte einbaust. Was zeigt sich dir in Text und Bild, welche Themen findest du, die mit dir zu tun haben?

Fragen an dein Bild und deinen Text:

- Was zeigt sich mir in meinem Bild/Text? Gibt es eine Überschrift, die das Thema zusammenfasst?
- Gibt es einen roten Faden?
- Gibt es ein erkennbares Muster?
- Welche Rolle spiele ich?
- Ist es eine Rolle, die mir zusagt, die ich ablegen oder modifizieren möchte?
- Wer spielt noch mit in meinem Stück?
- Wen davon habe ich gern dabei, wen möchte ich vielleicht loswerden?
- Wer spielt nicht mit?
- Was ist die Kernbotschaft der Figuren? Wenn sie einen Satz sagen würden, was würden sie sagen?
- Wenn es einen Satz gibt, der alles zusammenfassen würde, wie würde der lauten?

21.1. Erste Hilfe

Abb. 14 Kreise – Bild einer Demenzerkrankten

Das Wissen ist nicht im Hirn, sondern das Hirn im Wissen.

Der Kreis ist ein Must-have im kreativen Notfallkoffer. Er ist ein uraltes Symbol und viel verwendetes Zeichen. Der Kreis steht für das Weibliche, den mütterlichen Uterus, den Ursprung des Lebens. Der Kreis, ohne Anfang und Ende, wird aus dem Punkt geschaffen und lebt vom Mittelpunkt, wird durch ihn definiert. »Der Punkt und der Kreis – Gott und die Welt – das Eine und das Viele – das Unoffenbare und das Offenbare – Inhalt und Form – das Metaphysische und das Physische – viele Begriffspaare, die alle das Gleiche meinen«, beschreibt es Dethlefsen.[104] In sprachgebräuchlichen Metaphern steht der Kreis für den Zusammen- oder Einschluss. Er definiert, wer dazu gehört. Redewendungen wie »Im Kreise meiner Familie«, »Sie gehört zum engeren Kreis« beschreiben das. Der Kreis symbolisiert auch Bewegung und die Wiederkehr. Er bevorzugt keine Richtung und ist

104 Dethlefsen in Dahlke (2012, S. 6).

frei in seiner Bewegung. »Meine Gedanken kreisen«, »Ich drehe mich im Kreis«. Auch die ersten kritzelnden Formen von Kindern sind häufig Kreise, das gilt ebenso für die letzten Striche, die Menschen malen. Das Werk in Abb. 14 stammt von einer mittlerweile verstorbenen Demenzerkrankten im fortgeschrittenen Stadium. Sie konnte sich den kreisenden Bewegungen auf dem Papier zeitlos hingeben. Ohne Mühe war sie in der Lage, zwei Stunden ihre Kreise zu ziehen. Konzentration, Stille und Ruhe sind untypisch für Demenzerkrankte. Sie sind eher von Unruhe und Bewegungsdrang geplagt. Es ist für mich immer wieder magisch, wie kreisende Bewegungen uns in unsere Mitte ziehen.

Mandala reloaded

Ein spezieller Kreis ist das Mandala. Kürzlich bat mich der achtjährige Aiden aus dem Kinderatelier, ob ich zur nächsten Stunde ein Mandala von Ronaldo mitbringen könnte. Ich schaute ihn verwundert an, denn ich wusste nicht, was er meinte. »Den Fußballer Ronaldo?«, fragte ich. Er nickte. Ich war kein bisschen schlauer. Wie sollte ein Mandala von Ronaldo aussehen, fragte ich mich. Nach einigen weiteren Rückfragen an den Jungen begriff ich endlich, was er wollte, ein Abbild des Fußballstars zum Ausmalen. Der Begriff Mandala steht für Kinder mittlerweile als Synonym für Ausmal-Vorlagen. Der Buchmarkt präsentiert unzählige Mandala-Ausmalbücher. Ich hatte einige Aufklärungsarbeit zu leisten, um zu erklären, was ein Mandala eigentlich meint. Das Wort Mandala stammt aus der indischen Kultursprache Sanskrit und bedeutet Kreis. In tradierten Symbolen zahlreicher Religionen finden wir Mandalas. Im Christentum steht die Rose als ein Mandala für die Jungfrau Maria, die mit dem Rosenkranz angebetet wird. Im Islam zieren Ornamente in Form von Mandalas die Moscheen. Im Buddhismus ist es die Lotusblüte, der eine heilige Bedeutung zukommt. Und im Taoismus steht das Yin-Yang-Zeichen für die sich aufeinander beziehenden Polaritäten.[105] Das Mandala kann als Urmuster des Daseins bezeichnet werden, das wir im künstlerischen Gestalten bewusst oder unbewusst erleben. Das Mandala-Malen fokussiert uns und lässt die Dinge ganz von selbst entstehen. Wenn wir ein Mandala malen, kehrt eine mysteriöse Ruhe ein. Mandala malen hilft immer. Probiere es selbst mal aus.

105 Siehe auch Dahlke (2010b, S. 62).

Abb. 15 Mandala einer Hochbetagten

Der Mediziner Ruediger Dahlke hat ein zu empfehlendes Buch zur Mandala-Therapie geschrieben, in dem er die heilsame Wirkung der Mandala-Arbeit ausführlich beschreibt.[106] Er stellt fest, dass das Mandala »im Bereich der Seele ein Allheilmittel« sei und beschreibt es als archetypisches Muster des Lebensweges.[107] Mandalas geben Orientierung in Zeit und Raum.[108] Sie harmonisieren den Energiefluss. »Als absolut rotationssymmetrisches Muster, wie man es geometrisch nennen würde, strahlt das Mandala die höchste Form von Harmonie aus«, führt Dahlke aus.[109] Die Natur zeigt exemplarisch eine unendliche Zahl natürlicher Mandalaformen, vom Wassertrudeln bis zum Seestern, von der Schneeflocke bis zum Schneckenhaus, von Blättern, Blüten und Spinnennetzen bis zu Baumringen, von Körperzellen bis zur Iris der Augen, von Gestirnen bis zum gesamten spiralförmig aufgebauten Universum.

106 Dahlke (2012).
107 Dahlke (2012, S. 33).
108 Dahlke (2012, S. 36).
109 Dahlke (2012, S. 43).

Das Mandala unterstützt nach C. G. Jung[110] vier Ebenen:

- es bringt Schutz und Beruhigung in angstbesetzten Situationen,
- es vermittelt Sinn, Ziel und eine Richtung bei dem Gefühl der Desorientiertheit,
- es verschafft ein Gefühl der Ordnung und sinnvollen Strukturiertheit in aufgewühlten Gefühlslagen und chaotischen Situationen,
- es schafft ein generelles Gefühl von Faszination und Neugierde.

Seelengymnastik
Kreis und Mandala

Nimm dir ein Blatt Papier und zeichne einen Kreis, den du frei Hand erschaffen kannst. Wenn du magst, kannst du den Kreis im Stil eines Mandalas gestalten. Es darf ganz einfach sein. Kreis um Kreis, Strich für Strich, Punkt für Punkt. Es entsteht deine ganz eigene Form. Es darf gern schief und krumm sein. Gehe mit der Leichtigkeit. Schaue immer wieder neu, welche Farbe, welcher Strich wo auf das Papier will. In der Abb. 15 kannst du bewundern, welche schöne bewegliche Form dadurch entsteht, dass die Kreise nicht perfekt mit dem Zirkel gezogen wurden. Das geht dir ganz entspannt von der Hand, wenn du beim Mandala malen nicht auf Symmetrie und Präzision achtest. Fülle den Kreis nach deinen Vorstellungen. Du kannst Ringe hineinmalen und diese farbig gestalten, du kannst den Kreis vierteilen und die einzelnen Bereiche gestalten, zum Beispiel die vier Elemente oder die vier Jahreszeiten. Lass dich von dir selbst überraschen, was entstehen will. Erinnere dich daran: Die Übung ist zum Stressabbau, zur Beruhigung.

110 Jung (2001).

ohne Titel

Zauberstab, Zylinderhut,
Zaubergeister, helft jetzt gut!

Abrakadabra

Abracadabra is
from the Aramic phrase »Avra Kehdabra«
which means:
I will create what I speak[111]

Auf deinem Weg zu mehr Selbstmitgefühl sei realistisch und plane Wunder ein. Du kannst dir dein einiges Wunder durch einen Mirakelzauber zubereiten. Zaubern ist eine wunderschöne Metapher für Veränderungsprozesse, die uns Angst einjagen. Meistens stehen wir den Wundern nämlich selbst im Weg. Wir müssen zulassen und bejahen, was ist, damit das Wunder geschehen kann. Wir dürfen uns nicht unbewusst oder bewusst dagegen sträuben. Vielleicht denkst du, das ist doch klar. Diese Radikalität im Zulassen hat allerdings auch einen Preis. Es wird im Umfeld Menschen geben, die deine Zauberei für Teufelswerk halten. Es sind die Neider und die Mutlosen, die dir diese radikale Veränderung nicht gönnen. Sie werden dir sagen, lass das lieber, das ist zu gefährlich (siehe zum Thema »Projektion«, Kapitel 16.). Vor allem aber musst du das Alte aufgeben, damit das Neue entstehen kann. Zaubern und verzaubert werden, bedeutet in eine andere Welt einzutauchen, wo scheinbar Unmögliches möglich wird. Und das ist doch ein Wunder, oder?

Hoinky, poinky, popelheim, Alles wird zu schlabberschleim!

Schüler, 9 Jahre[112]

Das Zaubern hilft dir,

- innere Blockaden und Glaubenssätze zu überwinden,
- an das vermeintlich Unmögliche zu glauben,
- das Unmögliche möglich zu machen,
- Probleme zu lösen,
- deine Kraft und deinen Mut zu aktivieren,

111 https://en.wikipedia.org/wiki/Abracadabra (4.5.2023).

112 Staatsoper Stuttgart https://www.staatsoper-stuttgart.de/magazin/das-sind-die-besten-hexenspprueche/ (4.5.2023).

- deine Selbstwahrnehmung zu steigern,
- deine Angst zu überwinden.

Kaktus, Schbaktus, Zwackelmut
1x hoch den Zauberhut.
Dreh dich schnell im Kreise.
Dann wird aus dir 'ne Meise!

Schüler, 13 Jahre[113]

Lass uns ein Wunder zaubern. Die Zauberformel Abrakadabra kennt vermutlich jeder. Das Zauberwort steht, so heißt es, für einen Dämon, der Krankheit mit sich bringt. Abrakadabra war daher ursprünglich eine Schutzformel vor Krankheiten. Selbst der berühmte römische Gelehrte Serenus Sammonicus (200 n. Chr.), der belesenste Mann seiner Zeit, glaubte an die Wirkung der Formel Abrakadabra.

Seelengymnastik
Abrakadabra

Lass uns den Schutzzauber Abrakadabra als Erste Hilfe nutzen. Was ist dein Thema, worum geht es genau? Und dann stell dir einmal vor, du könntest zaubern oder jemand zaubert für dich: »Angenommen in dieser Nacht geschieht ein Wunder. Und alles, was dich bis hierher geführt hat, ist gelöst, und das wäre ja wirklich ein Wunder, nicht wahr? Und niemand sagt dir, dass das Wunder geschehen ist, woran würdest du es am nächsten Morgen merken, dass es geschehen ist?« Wenn du magst, dann male ein Bild, das für dich den Zustand nach dem Wunder zeigt.

113 Staatsoper Stuttgart https://www.staatsoper-stuttgart.de/magazin/das-sind-die-besten-hexensprueche/ (4.5.2023).

Fragen an deinen Wunderzauber:

- Gibt es eine ganz konkrete Botschaft?
- Ist es so, wie ich es mir vorgestellt habe?
- Was ist anders? Was noch? Was soll sich noch weiter ändern?
- Bemerkt jemand außer mir den Zauber? Woran?
- Wie reagiert das Außen auf mein Wunder?
- Wie reagiert er/sie darauf?
- Wer freut sich mit mir, wer kann mir das gönnen, wer distanziert sich?
- Geschieht etwas nach dem Zauber, was sonst nicht geschehen wäre?
- Gibt es jemanden in meiner Familie, der ein ähnliches Ziel hatte und es nicht verwirklichen konnte?
- Wen will ich verzaubern?
- Was halte ich für unmöglich?

Das Wunderbarste an Wundern ist,
dass sie manchmal wirklich geschehen.

Gilbert Keith Chesterton

Abb. 16 Die Priesterin – Ulrike Hinrichs

21.2. Hausmittel

Ein gängiges Hausmittel in der Kreativapotheke sind die inneren Helfer. Sie lieben es, dein Selbstmitgefühl zu pushen. Von diesen Helferanteilen hast du mehr, als du denkst. Und du kannst dir auch noch welche selbst erschaffen. In schwierigen Situationen kannst du deine innere Ärztin oder Therapeutin befragen, die dich jederzeit unterstützen wird. Stell dir vor, du bist nicht allein. Du bestehst aus vielen, vielen verschiedenen Anteilen. Dir ist sicher schon aufgefallen, dass du manchmal innere Diskussionen mit den verschiedenen Anteilen in dir führst. Viele von uns kennen den destruktiven Anteil des inneren Kritikers, andere den Perfektionisten oder den Zerstörer. Oft sind gerade diese Stimmen sehr laut. So als hätten sie ein Mikrofon. Es gibt aber auch die leiseren Stimmen, denen wir zuhören sollten.
Einer der größten Kritiker ist unser Perfektionismus. Das natürliche Nervengift zur Kontrolle der psychischen Sicherheitssysteme ist der Perfektionismus. Bloß nichts falsch machen. Dann sind wir unangreifbar. Mimik-Glättung. Makellos. Fehlerlos. Perfektionismus ist die kleine Schwester des Narzissmus. Die Angst vor Fehlern nimmt uns die Luft zum Atmen. Die Seele erstarrt. Perfektionismus hemmt das Leben, behindert Kreativität und unterdrückt die Intuition.[114] »Wären wir perfekt, dann wären wir keine Menschen. Wir wären Barbie und Ken – Plastikfiguren, die gut aussehen, aber so tot sind wie Türklinken«, beschreibt es Neff. [115] Blicken wir in die anmutende Natur mit ihren Fraktalen und Mustern. Nichts in der Natur ist mit dem Zirkel oder Lineal gezogen. Die Schönheit entsteht durch die Unvollkommenheit. Der Berliner Künstler Jonas Burgert beschreibt es als »Probieren als Prinzip«.[116] Es gibt kein Scheitern und vor allem auch keine Fehler.

Tschüss, Perfektionismus!
Ein Makel ist kein Debakel.

114 Hinrichs, http://www.sued-kultur.de/tiefgang/perfektionismus-ist-der-todfeind-der-intuition/ (30.10.2022).

115 Neff (2012, S. 98).

116 Jan Becker im Interview mit Jonas Burgert »Rosa Elefanten im Jenseits« https://podcasts.apple.com/de/podcast/rosa-elefanten-im-jenseits/id1526062537?i=1000493505179 (30.10.2022).

Der innere Kritiker, der uns ermahnt, keine Fehler zu machen, folgt einem lebensvermeidenden Prinzip. Sein Anspruch, als imperfektes Wesen perfekt sein zu müssen, unterdrückt jede Lebendigkeit. Der innere Kritiker erinnert an den von Sigmund Freud beschriebenen Todestrieb, der zum Ziel hat, das Lebendige zum Tode zu führen. Sein Gegenspieler ist Eros, der Lebenstrieb. Wenn wir Fehler machen dürfen, sind wir lebendig und mutig. Fehler sind der Raum, in dem Bewegung entsteht, die Schöpferkraft wächst, sich Entspanntheit und Freiheit entfaltet.

Um unsere alten Glaubenssätze über Bord zu werfen und Fehler zuzulassen, brauchen wir Selbstmitgefühl. Es ist ein Lernprozess, bei dem Selbstmitgefühl für das Fortkommen entscheidend ist.

Lass uns einen Anteil kreieren, der für dein Selbstmitgefühl steht. Wie sieht dieser Anteil aus? Es kann ein Fantasiewesen sein, ein Tier, ein Mensch. Gib dieser Figur einen Namen und frag sie, wie sie dich unterstützen kann. In meiner Gruppe für Frauen in Krisensituationen haben wir den Anteil gemalt, der für das Selbstmitgefühl steht. Mir erschien vor meinem inneren Auge eine Königin, die in Abb. 16 (S. 170) dargestellt ist. Erst war ich etwas entsetzt über diese düstere Herrscherin, die auf dem Papier entstanden ist. Dann fiel mir ein, dass mir die Königin aus der Dunkelheit als Symbol schon öfter erschienen ist. Aus der Gruppe kam von einer Teilnehmerin die Assoziation einer Priesterin. Das Bild einer Priesterin traf mich ins Herz. Sie ist ein großer weiblicher Archetyp. Die Priesterin hat eine tiefe Verbindung zu allen verwundeten Wesen, egal ob Pflanzen, Tiere oder Menschen. Das hat mich tief berührt. Ich kenne diesen Anteil in mir, fühle mich verbunden mit allen verwundeten Wesen. Und ich spüre eine unendliche Traurigkeit über die kollektive Zerstörung, die gerade in der Welt wütet. Klimakrise, Krieg, Folter, Vergewaltigung, Artensterben, Tierquälerei in der Massentierhaltung, u. v. m. Ich sehe in dem roten Hals der Priesterin, der mich an Blut erinnert, auch die kollektive Wunde aller verletzten Frauen.

Seelengymnastik
Die Selbstliebende

Gestalte deinen inneren Anteil für dein Selbstmitgefühl und/oder deine Selbstliebe. Es gibt viele Menschen, für die der Begriff Selbstliebe schwierig ist. Nimm für dich die Überschrift, die am besten passt. Selbstmitgefühl führt automatisch zu mehr Selbstliebe. Lass dich von dir selbst überraschen, wie der innere Anteil aussehen könnte. Es kann ebenso ein abstraktes wie ein sehr konkretes Bild werden. Es könnte ein Wesen sein, ein Tier oder ein Mensch. Alles ist genau richtig so.

Fragen an deinen Anteil:

- Wie sieht er/sie aus? Hat das eine Bedeutung für mich?
- Gibt es aus dem Bild Rückschlüsse für die Botschaft meines Anteils?
- Welche Nachricht übergibt mir der Anteil?
- Wenn es einen Satz gäbe, den dieser Anteil mir sagen will, wie lautet der?
- Was will mein Selbstmitgefühl mir sagen?
- Was fehlt mir noch für mehr Selbstmitgefühl?
- Wie rede ich mit mir selbst? Beschimpfe ich mich eher oder gehe ich liebevoll mit mir um?
- Fühle ich mich mit anderen verbunden?
- Wo zieht mich mein Herz hin?
- Erlaubt mir mein Kopf, die Richtung des Herzens einzuschlagen?
- Vertraue ich meiner Intuition?
- Vertraue ich auf die Zukunft, auch ohne zu wissen, was sie mir bringt?
- Stört mein Kopf meine intuitiven Herzensanliegen?
- Tendiere ich dazu, zu viel zu denken?
- Kann ich Entscheidungen zu meinen Gunsten treffen?
- Weiche ich um des Friedens willen Konfrontationen aus?
- Darf mein Herz eine wichtige Stimme in meinem Leben haben?
- Strebe ich nach zu viel Harmonie?
- Kann ich das Leid im Leben annehmen?

- Kann ich mich mit Krankheit und Tod aussöhnen?
- Kann ich mich halten, wenn ich traurig bin?
- Kann ich weinen?
- Fühle ich mich in meinem Schmerz mit anderen verbunden?
- Fühle ich mich wie paralysiert wegen meiner Unentschlossenheit?
- In welchen Situationen bin ich intolerant gegenüber andern?
- Kann ich mir selbst vergeben?

Die innere Therapeutin

Wie wäre es, wenn du zur Unterstützung immer eine Psychotherapeutin oder einen Psychotherapeuten bei dir hättest? Vielleicht in der Handtasche oder in der Hosentasche? Dazu kannst du dir deinen Therapeuten erschaffen und ihn fragen, wie das geht mit dem Selbstmitgefühl. In Abb. 17 (S. 176) ist eine innere Therapeutin einer Klientin mit Depressionen abgebildet. Es sind die Selbstheilungskräfte, die du mit diesem Anteil aktivierst. Die moderne Psychotherapie ist in der Menschheitsgeschichte ein recht neues Konzept, das sich erst Ende des 19. Jahrhunderts etablierte. Davor waren es je nach Kultur und Kontext die Ärzte oder Pfarrer, Hexen oder Schamanen, die sich um das seelische Wohlergehen der Menschen kümmerten. Auch die alte Weise im Dorf oder die Kräutertante hat zugehört und geholfen. Nun will ich den Psychotherapeut*innen nicht ihre Kompetenz absprechen. Ich biete selbst psychologische Hilfe an. Mein Anliegen ist darauf hinzuweisen, dass wir eine Kraft in uns tragen, die wir zur Selbstheilung nutzen können. Erwecke deine innere Therapeutin, die dir hilft, für dich zu sorgen. Deine Kreativität ist die Brücke zu deiner inneren Weisheit. Gestalte dir deine Therapeutin. Du verschaffst dir damit die Erfahrung, dass du schwierige oder herausfordernde Situationen aus eigener Kraft meistern kannst. Wichtig ist, dass du für dich selbst sorgen kannst.

Steck dir deine Therapeutin in die Hosentasche.

Seelengymnastik
Die innere Therapeutin

Wenn du magst, kannst du deine innere Therapeutin kreativ umsetzen. Du kannst sie malen oder als Skulptur gestalten. Wie sieht er oder sie aus? Ist es ein menschliches Wesen, eine Fantasiefigur, ein Tier? Was immer auf dem Papier entsteht, ist genau richtig. Trete mit ihr/ihm anschließend in einen Dialog.

Du könntest dich fragen und auf die Antworten deiner inneren Therapeutin lauschen:

- **Nehme ich meine Bedürfnisse wahr?**

  Habe ich Schuldgefühle, wenn ich mich um mich selbst kümmere? Fühle ich mich dabei egoistisch? Sorge ich genug für mich? Wie steht es um Ernährung, Schlaf, soziale Kontakte, Bewegung und Ruhepausen in meinem Leben? Achte ich auf Stressfaktoren in meiner Umgebung?

- **Nehme ich meine Gefühle ernst?**

  Achte ich auf meine Gefühle und Impulse? Wie geht es mir? Kann ich meine Gefühle spüren? Kann ich mich fühlen? Ist da etwas taub in mir? Gibt es vielleicht sogar Körperstellen, die sich taub anfühlen? Bin ich unzufrieden mit etwas? Was macht mich glücklich? Schließe ich Kompromisse, die sich faul anfühlen?

- **Respektiere ich Grenzen?**

  Kann ich Stopp sagen, wenn ich etwas nicht will? Wie leicht kommt mir ein Nein über die Lippen? Umgebe ich mich mit Menschen, die mich unterstützen? Kann ich mich so nehmen, wie ich bin? Kann ich mich von Menschen trennen, die mir nicht guttun? Wer unterstützt mich? Wen unterstütze ich? Kann ich anderen helfen, ohne mich zu verausgaben? Kann ich andere versorgen und pflegen, ohne mich zu vernachlässigen?

- **Kann ich eigene Fehler akzeptieren?**

Bin ich mein strengster Kritiker? Wie rede ich mit mir selbst? Beschimpfe ich mich, wenn ich etwas falsch mache? Welchen Tonfall hat diese Stimme?

Abb. 17 Meine innere Therapeutin – Bild einer Klientin

Die innere Heilerin

»Selbstheilung ist die Fähigkeit des Körpers, Krankheitszustände zu überwinden und wieder gesund zu werden. Daran ist nichts esoterisch. Denken Sie an eine Wunde, die sich von allein schließt. Das ist eine typische Form der Selbstheilung. Manche Umstände behindern eine solche Wundheilung allerdings – zum Beispiel eindringende Keime oder Stress, der das Immunsystem in seiner Funktion beeinträchtigt«, so Prof. Dr. med. Tobias Esch.[117]

Selbstmitgefühl reduziert Stress und unterstützt die Selbstheilungskräfte. Wir können uns selbst helfen, indem wir kohärente, also stimmige Umstände in unser Leben einladen. Zur Unterstützung der Selbstheilung kannst du dir deinen inneren Heiler/Arzt oder deine Heilerin/Ärztin kreieren. Selbstheilung ist Selbstorganisation im Gehirn; jeder Organismus strebt einen Zustand an, in dem alles möglichst reibungslos, also weitgehend kohärent abläuft, beschreibt es auch der Hirnforscher Gerald Hüther.[118]
Der Mediziner Hein konstatiert in meinem Buch *Kunst als Sprache der Intuition*: »Der innere Heiler, oder oft benannt als Medicus internus (der innere Arzt) scheint, physikalisch gesehen, so etwas zu sein wie ein eingebauter Resonanzdetektor, der sensibel auf die Wahrnehmung von körperlichen, emotionalen und seelischen Unstimmigkeiten ausgerichtet ist. Seine Fähigkeit, innere Differenzen und Dissonanzen zu balancieren und in harmonisierende und korrigierende Impulse zu verwandeln, nutzt eine geniale Hyperintelligenz. Der physiologische Hintergrund dieser Fähigkeit speist sich aus all den Anteilen in unserem Nervensystem, die mit dem evolutionären und archaischen Urwissen unserer Körperinformation verbunden sind. Die Kunst ist es, genau das wahrnehmbar und zugänglich zu machen. Der Zugang gelingt über das Training der Intuition und die Übersetzung der inneren Wahrnehmungen in Bilder von Gestalten, die sehr oft mythischen Charakter haben, also eine Verbindung zum kollektiven Unbewussten herstellen.«[119]
Lass uns deinen ganz persönlichen inneren Heiler oder innere Ärztin erschaffen. Überlege dir, welche Bezeichnung für dich besser passt. Vielleicht

---

117 https://www.geo.de/wissen/gesundheit/21086-rtkl-selbstheilung-so-aktivieren-sie-den-inneren-arzt (16.5.2023).
118 Hüther (2022).
119 Hein, in Hinrichs (2019).

hast du noch eine ganz andere Bezeichnung? Eine Klientin nannte ihren Heiler kürzlich »mein inneres Universum«. Bei allen Seelenübungen, die ich dir hier vorschlage, fühle dich ganz frei, sie umzuwandeln.

Seelengymnastik
Die innere Heilerin

Wenn du einen inneren Heiler hättest, der für deine Selbstheilungskräfte steht, wie würde der aussehen? Es kann ein Arzt, eine Heilerin, eine alte Weise oder eine Kräuterhexe sein. Der Anteil kann auch von einem Tier oder noch etwas ganz anderem repräsentiert werden. Setze das innere Bild künstlerisch um. Vielleicht ist es auch nur ein Gefühl oder Gedanke. Was immer in dir entsteht bei dieser Idee, das ist genau richtig so.

Fragen an deinen Heiler:

- Was ist gerade jetzt besonders wichtig für mich?
- Wo muss ich wie Stress abbauen?
- Wann war ich zuletzt in der Natur?
- Wann habe ich mich das letzte Mal mit dem Leben verbunden gefühlt?
- Wofür bin ich dankbar?
- Wo kann ich Stress reduzieren und wie?
- Was bringt mich in einen Zustand des Flow?
- Welcher Impuls kommt aus der Zukunft auf mich zu?
- Welche Hindernisse stelle ich mir auf dem Weg zur Heilung selbst in den Weg?
- Wo soll ich genauer hinschauen?
- Wo soll ich tiefer gehen?
- Was darf geheilt werden?
- Welche seelische Wunde ist noch nicht sichtbar, will aber an die Luft?
- Welche seelische Wunde muss ich zuerst versorgen?
- Welcher Schmerz braucht Erste Hilfe?
- Wann gehe ich mit mir selbstzerstörerisch um?

- In welchen Situationen habe ich destruktive Gedanken?
- Durch was geht mir wertvolle Energie verloren?
- In welchen Situationen bin ich zu hart zu mir?
- In welchen Momenten ist meine Selbst-Verurteilung besonders stark ausgeprägt?
- Welche Signale gibt mir mein Körper, wenn ich über meine Grenzen gehe?

Patienten tragen ihren eigenen Arzt in sich.
Sie kommen zu uns und wissen nichts von dieser Wahrheit.
Das Beste, was wir machen können,
ist dem inneren Heiler unserer Patienten die Chance zu geben,
seine Arbeit zu tun.

Albert Schweitzer

Das Leben ist eine Geschichte – Collage Ulrike Hinrichs

Das Leben ist eine Geschichte.

21.3. Booster für das seelische Immunsystem

Stärkst du dein Selbstmitgefühl, bekommt dein Immunsystem einen gewaltigen Schub. Denn Selbstmitgefühl reduziert Stress und fördert Gelassenheit. Die Ausschüttung von Stresshormonen beeinflusst unmittelbar das Immunsystem. Die Immunzellen verlieren die Fähigkeit, sich zu vermehren, um Krankheitserreger abzutöten. Wenn du für dich sorgst, dann stärkst du dein Immunsystem.
Die Abbildungen 18 und 19 (S. 183) zeigen Beispiele von Klientinnen zum Thema »Postkarte an mein Selbstmitgefühl«. Dazu können wir uns noch ein persönliches Mantra kreieren. Ein Mantra ist eine heilige Silbe, ein heiliges Wort oder ein heiliger Vers. In unserer Kultur würden wir es ein Gebet nennen. Für unser Mantra bilden wir zu den drei Grundpfeilern des Selbstmitgefühls unseren ganz persönlichen Gebetssatz. Du kannst Text und Bild in die Wohnung hängen oder auf dem Handy abspeichern. Erinnere dich an dein Mantra und dein Bild, wenn du Mitgefühl für dich selbst brauchst. Und so könnte ein Mantra aussehen. Du entwirfst einen Satz zur *Achtsamkeit*, zur *Verbundenheit* und zur *Selbstfreundlichkeit*. Hier findest du einige Beispielsätze, die du dir in deinem Stil zurechtlegen kannst.

Grundpfeiler des Selbstmitgefühls

Ein Satz zur Achtsamkeit

- »Das ist ein Augenblick des Leids«
- »Das ist eine schwierige Situation«
- »Das tut weh«
- »Ich bin traurig«

Ein Satz zur Verbundenheit

- »Leid gehört zum Leben dazu«
- »Anderen geht es auch so«
- »Mutter Erde hält mich«
- »Das Universum ist bei mir«
- »Damit bin ich nicht alleine«

Ein Satz zum liebevollen Umgang mit mir selbst

- »Ich bin freundlich zu mir«
- »Ich bin bei dir«
- »Ich bin ein Schatz, ich schätze mich«
- »Ich wärme mich«
- »Ich bin stark und verletzlich zugleich«

Seelengymnastik
Limonade für die Seele

Male ein Motiv für eine Postkarte an dein Selbstmitgefühl. Erschaffe dazu dein eigenes Mantra. Es besteht aus drei Grundpfeilern des Selbstmitgefühls: (1) Akzeptanz »Annehmen, was ist«, (2) Verbundenheit »Leid gehört zum Leben dazu« und (3) zum freundlichen Umgang mit dir selbst »ich bin nett zu mir«. Die von dir auf dich zugeschnittenen Mantra-Sätze dienen als Orientierung in schwierigen Zeiten.
Du kannst auch genau anders herum vorgehen: Erschaffe erst ein Mantra und male dann dazu eine Postkarte, die die Botschaft in einem Bild komprimiert.
Du kannst dir die Postkarte schicken oder bei dir sichtbar hinhängen. Du kannst das Mantra mit auf die Postkarte schreiben oder einen anderen Text für dich.

Die Klientin der in Abb. 18 dargestellten Postkarte schrieb an sich selbst: »Ich weiß, du hast aktuell keine Ahnung, wie der Weg für dich geht. Aber musst du dich denn für einen Weg entscheiden? Lauf einfach dahin, wo es dich hinzieht und wenn es dir nicht gefällt, erkunde einen anderen, neuen Weg. Und wer weiß, vielleicht enden alle Wege am gleichen Ziel?! Vertraue in dich!«

Du heilst, wenn die Dinge sein dürfen.

Abb. 18 Postkarte an mich selbst – Bild einer Klientin

Abb. 19 Postkarte an mich selbst – Bild einer Klientin

Macht Geld glücklich?

»Mehr Geld hängt positiv mit besserem Wohlbefinden zusammen. Das gilt aber nur bis zu einem bestimmten Grad. Sind die Grundbedürfnisse einmal befriedigt und die Grundkosten für ein mehr oder weniger sorgenfreies Leben gedeckt, bedeutet mehr Geld nicht automatisch, dass man auch glücklicher ist. Es kommt ganz darauf an, was man mit dem Geld macht.«[120]

Prof. Dr. Michaela Knecht

120 Knecht https://www.psychologie.uzh.ch/de/bereiche/dev/lifespan/erleben/berichte/geld-und-glueck.html (16.02.2023).

Unser Geld – Kinderatelier

21.4. Vitaminspritze

Der Psychologe und Autor Dr. Leon Windscheid hat ein Talent dafür, Dinge auf den Punkt zu bringen. »Glück ist wie furzen: wenn du zu viel Druck machst, wird's kacke.«[121] Selbstmitgefühl wirkt wie eine Vitaminspritze für deinen ganzen Organismus. Und das macht glücklich. Der Peanuts Erfinder Charles M. Schulz beschrieb Glück als »ein warmes Hundebaby«. [122] Was für eine schöne und wohlige Metapher. Definitionen für das Glück gibt es unendlich viele, von Aristoteles über Sigmund Freud bis zur jüngsten Glücksforschung, der sich die Positive Psychologie verschrieben hat. Eigentlich brauchen wir gar keine Definition des Glücks, wir wissen intuitiv, was uns glücklich macht. Dennoch finde ich die Unterscheidung des Glücks nach Werteglück und Wohlfühlglück ganz hilfreich. Das Werteglück beschäftigt sich mit deinem Sinn im Leben, es hat mehr Tiefgang als das Wohlfühlglück. Es ist eher prozess- und weniger ergebnisorientiert. Werteglück zeigt sich in Sinnerleben, Verbundenheit, Dankbarkeit oder auch Vitalität.

Das Wohlfühlglück steht für das angenehme Leben, einem subjektiven Wohlbefinden. Dagegen ist nichts einzuwenden, aber ihm fehlt die Nachhaltigkeit. Für den einen ist es ein Bad in der Wanne, für die andere ein neues Auto. Es ist eher genussorientiert und kurzweilig. In der Psychologie spricht man daher auch von der »hedonistischen Tretmühle«. Es stellt sich bei diesem Wohlfühlglück schnell ein Gewöhnungseffekt ein. Es verpufft. Wir brauchen Nachschub, um ein neues Glücksgefühl zu erleben. »Die vermeintliche Verfügbarkeit des Glücks verursacht Glücksstress«, beschreibt es Schnell. Wer die mehr oder weniger subtilen Beeinflussungen durch Werbung und Massenmedien nicht hinterfragt, tappt in die Wohlfühlfalle: »Kurzfristige Befriedigung führt zu langfristiger Abhängigkeit und Frustration«, ergänzt die Autorin.[123]

Vergnügen produziert Dopamin und Opiate,
Zufriedenheit versprüht Serotonin.

---

121 Bettina Böttinger im Interview mit Dr. Leon Windscheid in der Talkshow »Kölner Treff« vom 27.1.2023.

122 Zum Beispiel Lyubomirsky (2018).

123 Schnell (2020, S. 3).

»Bei dem hedonistischen Glück kann man daher besser von Vergnügen sprechen. Obwohl Vergnügen und Glück sich in mancher Hinsicht ähneln, beruhen sie auf unterschiedlichen neurochemischen Brennstoffen: Vergnügen nutzt Dopamin und Opiate, die beide in kurzfristigen Schüben wirken. Zufriedenheit beruht auf Serotonin, das gleichmäßig und langsam freigesetzt wird«, so Dr. med. Maté. »Es ist sehr schwer, von serotonergen Substanzen oder Verhaltensweisen süchtig zu werden. *Alle* Süchte nehmen jedoch Dopamin- (Anreiz/Motivation) und/oder das Opiatsystem (Vergnügen/Belohnung) des Gehirns in Beschlag. Vergnügen ohne Zufriedenheit kann süchtig machen – insbesondere, wenn es in Form von sofortiger Befriedigung gesucht wird.« (Kursivschrift im Originaltext).[124] Diese Effekte werden im Neuromarketing als eine »strategische Invasion« ins menschliche Bewusstsein genutzt. Das Neuromarketing für Produkte »zielt darauf ab, das Gehirn systematisch zu hyperaktivieren und seine Dopamin/Endorphin-Funktionen beständig zu erregen«, so Maté.[125]
Die Forschung sagt: »Je mehr Menschen materielle Ziele anstreben, desto geringer sind ihr Glücksempfinden und ihre Lebenszufriedenheit und desto weniger angenehme Gefühle erleben sie im Alltag«, so der Psychologe Tim Kasser.[126] Wenn wir dagegen empathisch anderen helfen, dann aktivieren wir neuronale Funktionen, die für unser Wohlbefinden unentbehrlich sind. Damit ist allerdings kein toxisches Helfen bis zur Selbstaufgabe gemeint, das die eigenen Grenzen missachtet und Wut unterdrückt. Es ist ein Gewinn für alle, wenn wir unser Herz für uns, andere und alles Leben öffnen.[127] Indem wir Erfahrungen von tiefer Zufriedenheit wiederbeleben, erschaffen wir neues Glück.

Glück bedeutet nicht, dass alles rosarot ist.

Ich möchte dir eine Praxisübung vorstellen, die dich mit deinem Glück verbindet. Erschaffe dir einen Glücksanker, der dich in einer schwierigen Situation unterstützen kann. Du manifestierst dein Glück in einem Bild, das einen Glücksmoment aus deinem Leben festhält. Dazu erweckst du einen glücksbringenden Moment aus deinem Leben. Stell dir die Frage: Wann

---

124 Maté (2023, S. 348).
125 Maté (2023, S. 349).
126 Kasser (2008, S. 23).
127 So auch Miller (2022).

warst du von Herzen richtig glücklich? Das kann ein ganz kleiner Moment sein oder auch ein riesengroßer. In einer Gruppe macht das besonders Spaß. Mit all den erzählten Erlebnissen in der Runde füllst du die Umgebung mit Glück. Teilnehmerinnen aus meiner Gruppe für Frauen in Krisensituationen berichteten von folgenden Glücksmomenten: »Als ich das erste Mal meinen kleinen Neffen auf dem Arm hielt« oder »Als ich heute Morgen beobachtete, wie ein Eichhörnchen durch die Baumwipfel sprang«. Eine andere Teilnehmerin erzählte uns, wie sie bei einem Auslandsaufenthalt in Kanada ganz allein in der Wildnis auf eine Büffelherde stieß. In Abb. 20 kannst du diesen Glücksmoment in einem Bild wiederfinden. Allen Glücksmomenten lag ein Gefühl der Verbundenheit mit der Natur bzw. dem größeren Ganzen und der Liebe zugrunde. Durch das Wiederbeleben von erlebten Glücksmomenten aktivieren wir ein Feld von Glück im Raum. Die Seelenübung ist gleichzeitig ein ressourcenstärkendes Ritual. Dieses Ritual stärkt dich und gibt dir einen Anker in die Hand, der dich immer wieder an diese Erfahrung erinnert.

Abb. 20 Glücksmoment – Bild einer Klientin

- Was bedeutet Glück für mich?
- Was macht mich glücklich?
- Wie, wann und wo entsteht Glück in mir?
- Welche Menschen oder Tiere machen mich glücklich?
- Wie, wo spüre ich Glück im Körper?
- Was kann ich mir von Menschen abgucken, die glücklich sind?
- Welche kleinen Dinge in meinem Leben kann ich ändern, um Glück in mein Leben zu holen?
- Kann ich mein Glück mit anderen teilen?
- Kann ich mich von Herzen für andere freuen?
- Welcher alte Traum bittet darum, dass ich ihn wieder aus dem Schrank hole?
- Wie kann ich tiefe Glücksmomente neu entfachen?
- Kann ich in Zeiten tiefen Schmerzes die kleinen Glücksmomente erkennen?
- Wenn ich einen Glücksrucksack hätte, was müsste dort unbedingt hinein?
- Welches Kompliment oder Lob hat mich glücklich gemacht?

Seelengymnastik
Cocktail des Glücks

Male intuitiv ein Bild für einen Moment, in dem du rundum glücklich warst. Wie sah es um dich herum aus? Wo warst du da genau? Mit wem warst du dort? Wie war das Licht, die Tageszeit, die Jahreszeit? Was hast du gehört? Wie hat sich der Moment angefühlt? Lag ein Geruch in der Luft oder ein Geschmack auf der Zunge? Vielleicht gibt es ein Wort oder einen Satz, der das Gefühl auf den Punkt bringt. Was hat dich so glücklich gemacht? Gib dem Bild ein Wort als Titel.

Aus deiner Seelengymnastik Cocktail des Glücks kannst du ein Glücks-Elfchen erschaffen. Dazu nimmst du das *eine* Wort (Titel), das du gefunden hast als Basis für das Gedicht. Und so geht es:

Seelengymnastik
Erschaffe dir dein Glücks-Elfchen

Ein Elfchen ist ein Gedicht aus 11 Wörtern
Das geht so:

1. Zeile Ein Wort: GLÜCK
2. Zeile Zwei Wörter: Was macht das Wort 1
3. Zeile Drei Wörter: Wo oder wie ist das Wort 1
4. Zeile Vier Wörter: Was meinst du dazu?
5. Zeile Ein Wort: Fazit, was kommt dabei heraus?

Glücks-Elfchen

Glück
Ist überall
Und nirgendwo zu Hause
Ich will ihm folgen
Weise

Jaguar – Ulrike Hinrichs

»Im Gefecht des Alltäglichen gibt es Lücken, und manchmal tun sie sich auf und man fällt durch sie hindurch ins Anderswo. Im Anderswo läuft alles in einem anderen Tempo ab als im Hier und Jetzt, wo alle ständig immer weitermachen. Im Anderswo leben versteckte Geister, die nur ab und zu sehr kurz von den Menschen in der echten Welt gesehen werden. Anderswo existiert mit einer gewissen Verzögerung, man kann gar nicht richtig Schritt halten. Vielleicht habe ich mich ohnehin immer an der Grenze zum Anderswo bewegt, aber jetzt war ich da so still und selbstverständlich gelandet wie Staub, der zwischen Bodendielen fällt. Und zu meiner Überraschung fühlte ich mich da wie zu Hause. Der Winter war da.«

Aus dem Buch von Katherine May:
Wenn das Leben innehält. ÜBERWINTERN[128]

In der Dunkelheit haben wir Angst und fühlen uns orientierungslos. In diesen dunklen Momenten fällt es uns oft besonders schwer, den Schmerz anzunehmen und mitfühlend mit uns umzugehen. In der Dunkelheit können wir nicht sehen. Dort treffen wir auf Geister und gruselig anmutende Schattenfiguren, die wir im Alltagsrummel nicht wahrnehmen. »Im Anderswo«, wie es Katherine May in ihrem Roman beschreibt, »leben versteckte Geister, die nur ab und zu sehr kurz von den Menschen in der echten Welt gesehen werden«.[129]
Die Dunkelheit kann unser Werkzeug sein. Die Kunst als Ausdrucksform ist unser Nachtsichtgerät. In der schamanischen Tradition der Q'eros, Nachfolger der Inka, repräsentiert der Jaguar im Medizinrad die Himmelsrichtung des Westens. Der Jaguar ist Herrscher über Leben und Tod, ein Meister in der Dunkelheit. Der Jaguar kennt die versteckten und dunklen Orte, die er furchtlos und lautlos bereisen kann. Er ist dein Begleiter in der größten Angst. Der Jaguar bringt Chaos und Erneuerung, die Kraft

128 May 2021, S. 20.
129 May 2021, S. 20.

des Mutes, die Balance zwischen Leben und Tod.[130] Der Jaguar führt dich durch die dunklen Orte im Wald, die nur die Mutigen erreichen können. Mit dem Jaguar lernst du deine tiefsten Wunden kennen und die größten Schätze darin zu entdecken. »Der Jaguar ruft dich auf, die Dinge jenseits der Mauern zu erkunden, die dich einengen, aus deiner normalen Routine herauszutreten und deine Grenzen zu überschreiten. Mit der Einladung, die er dir überbringt und die aus deiner eigenen Zukunft stammt, will er dich dazu inspirieren, das Unbekannte zu ergründen, dich auf das Mysteriöse einzulassen und all die dunklen Orte zu besuchen, die zu betrachten du bislang vermieden hast«, so das schamanische Seelenorakel.[131]

Seelengymnastik
Begleiter durch die Dunkelheit

Wie sieht dein innerer Jaguar aus? Male deinen Jaguar. Oder brauchst du ein anderes Tier, das für die Kraft des Jaguars steht, vielleicht der Luchs, die Eule oder der Wolf? Es geht nicht darum, ein perfektes Abbild dieses Tieres zu erschaffen. Es kann ebenso ein abstraktes Bild sein oder auch nur Details erkennen lassen, ein Auge etwa oder die Pfote. Anschließend gehe in einen Dialog mit dem Tier. Was hat es dir mitgebracht? Was will es dir sagen?

Fragen an den Jaguar:

- Stecke ich in der Dunkelheit fest?
- Wie kann ich den tiefsten Hunger meiner Seele spüren?
- Welcher innere Anteil von dir muss streben, um neu geboren zu werden?
- Was schleppe ich schon viel zu lange mit mir herum?
- Wovor habe ich Angst?
- Wo hindert mich die Angst, aktiv zu werden, zu handeln?

130 Siehe auch Villoldo (2001).
131 Villoldo, Baron-Reid, Lobos (2021, S. 77).

- Welche Gefühle steigen in mir auf?
- Gibt es toxische Beziehungen in meinem Leben?
- Wo in meinem Leben braucht es eine neue Ausrichtung?
- Was muss transformiert werden?

Wenn der Weg vor dir klar ist,
dann bist du wahrscheinlich auf dem eines anderen.

Carl Gustav Jung

Die Frage des Tages

Bild einer Klientin

Was ich sah

Was ich tat

Was ich hörte

Die Frage des Tages

Wenn wir uns wohlwollende Aufmerksamkeit schenken und uns, unseren Körper, unsere Bedürfnisse und vor allem auch unsere bedürftigen und leidenden Anteile wohlwollend und freundlich wahrnehmen, dann sind wir im Selbstmitgefühl. Viele von uns haben aber genau damit Schwierigkeiten. Wie geht es mir? Wie fühle ich mich? Was will ich? Was kann ich tun? Was ist gerade Thema? Zum Selbstmitgefühl gehört, dass wir wahrnehmen können, was ist. Achtsamkeit meint, den gegenwärtigen Moment bewertungsfrei und bewusst zu erleben. Das ist für viele von uns kein Normalzustand.

Wir hängen mit den Gedanken in der Vergangenheit oder sorgen uns über die Zukunft. Wenn wir achtsam mit uns sind, dann entscheiden wir uns, die Aufmerksamkeit absichtlich auf den gegenwärtigen Moment zu lenken und uns nicht abzulenken und nicht mental abschweifen. Wir fühlen, was ist.

Zum Fühlen gehört

- die Fähigkeit, unsere Emotionen wahrzunehmen und zu spüren, wenn wir Stress erfahren,
- die Fähigkeit, den Gefühlen effektiv Ausdruck zu verleihen,
- die Fähigkeit zu unterscheiden, ob sich in den Gefühlen die Schatten der Vergangenheit melden oder die Emotionen auf die aktuelle Situation zurückzuführen sind,
- die Fähigkeit zu unterscheiden, ob sich meine Gefühle zeigen oder ich zu hochsensibel mitfühle,
- das Bewusstsein für die eigenen Bedürfnisse und die Möglichkeit, diese auszudrücken statt zu unterdrücken.

Die nächste Seelengymnastik steht für eine Anbindung an den jetzigen Moment. Wenn du im Hier und Jetzt bist, dann bist du mit der Umgebung, der Natur, den Menschen und Lebewesen, dem ganzen Universum verbunden. Die Aufgabe, die du gerne öfter wiederholen kannst, hilft dir dabei, dich zu fokussieren und wahrzunehmen. Was war heute an diesem Tag auffällig und von Bedeutung? Welche Frage stellt sich dir? Du wirst durch diese Aufgabe motiviert, Prioritäten zu setzen. Du wählst aus. Du kannst die Aufgabe auch anpassen und dich beispielsweise alternativ fragen »Was ist die Frage des Monats?« Gleichzeitig bringt dich der Prozess des Malens automatisch in einen achtsamen Zustand.

Seelengymnastik
Die Frage des Tages

Nimm dir ein Blatt Papier und unterteile es in vier Teile. Schreibe in die Felder die Überschriften: Was ich sah. Was ich tat. Was ich hörte. Die Frage des Tages. Dann lass dich von diesen Überschriften leiten. Höre einfach auf den ersten Impuls, der dir kommt. Wenn dir mehrere Ideen für ein Feld kommen, dann wähle eine davon aus. Es gibt hier kein richtig oder falsch. Lass dich von dir selbst überraschen. Dann male drauflos. Auch hier kannst du dich intuitiv führen lassen. Nimm den kreativen Impuls, den du dann in das jeweilige Feld malst. Es kann ebenso etwas Abstraktes sein wie etwas Konkretes. Wenn du fertig bist, schau auf dein Bild.

Fragen an dich:

- Wie ist es mir mit dieser Seelenübung ergangen?
- Was ist entstanden?
- Gibt es etwas Überraschendes?
- Gibt es einen wichtigen Impuls für mich?
- Was fällt mir auf?
- Was nehme ich mit?
- Was war ein Highlight?
- Welche Botschaft könnte sich dahinter verbergen?
- Ist die Frage des Tages auch eine Frage für das Leben?

Der glückliche Mönch – Ulrike Hinrichs

Unsere wahre Aufgabe besteht darin, glücklich zu sein.
Das ist der Sinn des Lebens.

Dalai Lama[132]

132 Dalai Lama (2023, S. 144).

21.5. Trostpflaster

Seelische Trostpflaster sind kleine, aber wirkungsvolle Streicheleinheiten, zum Beispiel wenn man in einem Moment der tiefen Verzweiflung plötzlich lachen muss. Es ist wissenschaftlich nachgewiesen, dass Lachen der Gesundheit dient. Zu viel geht gar nicht. Lachen schafft Resilienz. Lachen baut Stress ab. Lachen stärkt das Immunsystem. Lachen ist ein Energie-Booster. Durch Lachen nehmen wir mehr Sauerstoff auf. Lachen erweitert die Blutgefäße und fördert den Blutfluss. Und Lachen senkt den Blutdruck.[133] Lachen über sich selbst fördert dein Selbstmitgefühl. In schweren Zeiten bleibt uns das Lachen allerdings oft im Halse stecken. Das kann eine Krankheit sein, eine Trennung oder ein Verlust. Auch kollektive Krisen – von Corona bis Krieg, von Energiekrise bis Inflation – sind alles andere als zum Lachen. Doch gerade in Krisenzeiten sollten wir lachen. Lebensfreude und Spaß sind vielleicht die am meisten unterschätzten Themen im Bereich moderner Therapieformen, so auch der Mediziner Rüdiger Dahlke.[134] Kinder können in Momenten von schwerster Traurigkeit begleitet von heftigem Weinen innerhalb von Sekunden auf Lachen und Spielen umschalten. Diese Schwingungsfähigkeit haben wir im Erwachsenenalter oft verlernt.

Smiling Depression

Ein aufgesetztes Lachen, hinter dem jemand dauerhaft seine wirklichen Gefühle verbirgt, kann dagegen sehr gefährlich sein. Zwar setzen wir alle gelegentlich mal ein unechtes Lachen auf. Das kann in einer bestimmten Situation sozialkonform und höflich sein. Aber ein Dauerzustand sollte das nicht werden. Als Smiling Depression werden umgangssprachlich seelische Verstimmungen bezeichnet, die Betroffene hinter aufgesetzter positiver Stimmung verstecken. Hier werden die wahren Gefühle unterdrückt und nach außen eine Fassade gezeigt. Diese atypische Depression wird daher vom Umfeld oft nicht erkannt. Auf der anderen Seite hilft es Menschen mit einer Depression, wenn sie zwischen der depressiven Stimmung authentisch lachen müssen.

---

133 https://www.aerztezeitung.de/Panorama/Lachen-senkt-den-Blutdruck-entspannt-und-macht-gute-Laune-321197.html (3.2.2023).

134 Dahlke (2010).

Lachen ist Fühlen

Echtes Lachen ist Fühlen. Wenn wir von Herzen lachen, gibt es kein Gestern und kein Morgen, wir sind mit dem Moment verbunden. Die Kunst als Ausdrucksform kann uns dabei unterstützen, zu spielen und zu lachen. Wir dürfen kleckern und klecksen. Wir können ausprobieren und Fehler machen. Wir brauchen weder perfekt zu sein, noch Ergebnisse abzuliefern. Mit der Kunst als Ausdrucksform wird es leicht und fließend.

Vergiss das Denken, fang an zu danken

Evolutionär sind wir darauf ausgerichtet, Gefahren zu wittern. Daher ist unser Gehirn eher auf das trainiert, was schiefläuft. Du kannst dein Hirn umerziehen, sodass es neben den Gefahren auch die Glücksmomente registriert. Du wirst staunen, wie schnell es sich daran gewöhnt, dass du Dankbarkeitsmomente sammelst. Es wird dir automatisch neue liefern. Ein Lächeln auf den Lippen bekommst du gratis dazu, wenn du ein Dankbarkeitstagebuch führst. Eine Dankbarkeitspraxis birgt eine unterschätze Kraft. Es macht einfach glücklich. »Inzwischen gibt es mehr als 400 unabhängige Studien, die zeigen, dass Menschen, die lernen, kohärenter zu werden, indem sie positive Gefühle wie Liebe, Dankbarkeit und Mitgefühl kultivieren, nicht nur eine bessere Gesundheit erlangen und langsamer altern, sondern auch sehr viel weniger Stress empfinden«, so Dr. Rollin McCraty, Psychophysiologe und einer der führenden Wissenschaftler auf dem Gebiet der Herzintelligenz. Er ist Leiter der kalifornischen HeartMath®-Forschungsabteilung.[135]

Dürfen Mönche lachen?

Mit der Praxis der Dankbarkeit ist keine künstliche Dankbarkeit oder »toxische Positivität« gemeint. Für viele ist eine Dankbarkeitspraxis gar nicht so einfach. Eine Klientin berichtete mir, dass sie Schuldgefühle habe, wenn sie sich um sich selbst kümmere. Als sie in einem Tagebuch aufschreiben

---

135 Lieber im Interview mit Dr. Rollin McCraty in: Natur & Heilen (12/2022, S. 17).

wollte, wofür sie dankbar sei, meldete sich sofort eine laute Stimme, die sie kritisierte, beschimpfte und bewertete. »Warum bist du denn dafür dankbar?«, »Da hast du doch sicher wieder die Hälfte vergessen?« Selbstfürsorge wird vom inneren Kritiker zum Egoismus degradiert und Dankbarkeit zur Leistungsüberprüfung mit Noten. Diese kritischen Stimmen aus der Vergangenheit, die als unerwünschte Untermieter in uns hausen, stehen einer heilsamen Selbstfürsorge im Wege (Kapitel 19).

An dieser Stelle möchte ich dich an die Frage erinnern, die ich in der Einleitung gestellt habe. Bist du bereit, dich mit all deinen Macken, deinen dunklen Schattenseiten, deinen Leiden und den belastenden Erfahrungen, deiner Ursprungsfamilie, deinem Körper, deiner Lebenssituation, deinen Rollen und Erwartungen anzunehmen? Dazu gehören auch die Stimmen, die deine Selbstfürsorge boykottieren. Übe Dankbarkeit, trotz der Stimmen. Lass sie reden. Und mache es dir ganz einfach. Starte mit einer Sache, für die du dankbar bist, hier und heute. Es muss gar nichts Großes sein. Bei mir könnte es die Tasse Kaffee sein, die ich morgens im Bett trinke, um das Aufwachen zu genießen. Was ist es bei dir?

Wir können unseren inneren Kritiker auch austricksen. Wir malen einen glücklichen Mönch. Mönche leben nach heilsamen, asketischen Idealen. Sie sind aufmerksam für den Moment und der darin verborgenen Verbindung zum Göttlichen. Anschließend können wir den künstlerisch erschaffenen Mönch bitten, in unsere Haut zu schlüpfen und ihn befragen, wofür er dankbar ist.

**Dankbarkeit
ist Fitnesstraining
für die Seele.**

Seelengymnastik
Glücklicher Mönch

Wenn du Lust hast, dann male einen glücklichen Mönch. Wie könnte er aussehen? Ist es ein abstraktes Bild oder eine konkrete Figur? Was immer dir dazu einfällt, es ist genau richtig. Du kannst anschließend einen Dialog mit dem Mönch führen. Du kannst auch deinen inneren Kritiker mit dem Mönch ins Gespräch bringen. Vielleicht hast du Lust, einen Dialog zwischen den beiden aufzuschreiben.

Fragen an den Mönch:

- Gibt es einen Satz, den du mir mit auf den Weg geben möchtest?
- Hast du einen Tipp, wie ich das Leben noch mehr genießen kann?
- Was hindert mich, im Jetzt zu sein?
- Was darf ich mir in meinem Leben noch genauer anschauen?
- Wie kann ich mich tiefer mit dem gegenwärtigen Moment verbinden?
- Wie schaffe ich es, meinen Schmerz und mein erfahrenes Leid anzunehmen?
- Was ist meine größte Kraft, die ich noch nicht voll entfaltet habe?
- Wie kann ich mich mehr in mich selbst zurückziehen, um zu lauschen?
- Wie kann ich mich in der Praxis der Achtsamkeit üben?

Eine überlieferte Geschichte – Der Mönch sprach: »Wenn ich stehe, dann stehe ich.«

Ein ganz auf das innere Leben ausgerichteter Mönch wurde gefragt: »Wie gestaltest du denn dein Leben, dass du so bist, wie du bist, so gelassen und so in dir ruhend?«
Der Mönch sprach: »Wenn ich stehe, dann stehe ich; wenn ich gehe, dann gehe ich; wenn ich sitze, dann sitze ich; wenn ich schlafe, dann schlafe ich; wenn ich esse, dann esse ich; wenn ich trinke, dann trinke ich; wenn ich schweige, dann schweige ich; wenn ich schaue, dann schaue ich; wenn ich

lese, dann lese ich; wenn ich arbeite, dann arbeite ich; wenn ich bete, dann bete ich …«
Da fielen ihm die Fragesteller ins Wort: »Das tun wir doch auch. Aber was machst du noch? Was ist das Geheimnis deines Menschseins?« Um die überlieferte Geschichte kurzzufassen. Der Mönch wiederholte seinen Satz und erwiderte: »Das macht ihr nicht. Wenn ihr steht, dann lauft ihr schon; wenn ihr geht, seid ihr schon angekommen; wenn ihr sitzt, dann strebt ihr schon weiter; wenn ihr schlaft, dann seid ihr schon beim Erwachen …«

Die Praxis der Achtsamkeit, die der Mönch beschreibt, klingt so einfach und ist doch oft schwer. Das gilt vor allem, wenn wir in einer schwierigen Lebenssituation sind und unglücklich sind. Wenn du in deinem Gedankenkarussell gefangen bist, dann bist du raus aus dem gegenwärtigen Moment.

Frage dich:

- Drehen sich meine Gedanken oft um vergangene Beziehungen, Misserfolge, Ungerechtigkeiten, Schmerzen und Leiden?
- Wie oft stelle ich mir im Kopf Szenarien vor, in denen es um Gespräche geht, die ich geführt habe, Worte, die ich gesagt oder nicht gesagt habe, während ich etwas anderes tue?
- Stelle ich mir öfter Szenarien vor, die ungünstig für mich ausgehen?
- Habe ich in letzter Zeit jemandem vermeintlich zugehört oder in einem Buch gelesen und plötzlich gemerkt, dass ich mit den Gedanken woanders war?
- Wenn ich über etwas in meinem Leben unglücklich bin, kreisen meine Gedanken dann in der Vergangenheit oder Zukunft? Oder schaffe ich es, mich mit den Gefühlen und aktuellen Ereignissen auseinanderzusetzen?

Buddha – Ulrike Hinrichs

Der Weg liegt nicht im Himmel.
Der Weg liegt im Herzen.

Buddha

Happy Buddha

Ich sehe in dir den goldenen Buddha. »Das ›Gold‹ in uns ist das, was der Buddha unsere ›innere Gutheit‹ genannt hat. Es ist das, was in uns wahr, liebend, schön und frei ist – in jeder und jedem von uns. Auch wenn Ärger, Wut oder Angst dieses pure Sein manchmal verbergen, können wir uns jederzeit wieder mit ihm verbinden.«[136] Was würde Buddha wohl über das Thema Selbstmitgefühl sagen? Buddha hat das Mitgefühl quasi erfunden. *Mitgefühl* ist im Buddhismus eine Essenz des spirituellen Lebens. Die Meditation zur Kultivierung von Mitgefühl ist eine zentrale buddhistische Praxis. Mitgefühl bedeutet im Buddhismus Einfühlungsvermögen in Bezug auf das eigene Leiden und das anderer Menschen. Auch in den monotheistischen Religionen, dem Judentum, Christentum und Islam spielt Mitgefühl und Empathie eine bedeutende Rolle. Lass uns daher deinen inneren Buddha erwecken.

Ein Augenblick kann einen Tag verändern,
ein Tag kann ein Leben verändern,
und ein Leben kann die Welt verändern.«

Buddha

Seelengymnastik
Happy Buddha

Ich sehe in dir den goldenen Buddha. Wie sieht dein innerer Buddha aus? Hast du Lust, diesen künstlerisch zu gestalten? Es kann eine reale Buddha-Figur sein, die du kreativ erweckst. Es kann etwas ganz anderes sein, vielleicht ein Feuer, ein Licht oder auch ein abstraktes Bild. Lass dich überraschen und lege los.

136 Brach (2022).

Fragen an deinen Buddha:

- Wenn ich etwas verändern will, wo soll ich anfangen?
- Welchen Satz hast du für mich?
- Welche Weisheit möchtest du mir schenken?
- Wem kann ich Mitgefühl schenken?
- Wem kann ich etwas Zeit schenken?
- Wer braucht mein Ohr?
- Wem möchte ich etwas Mitfühlendes sagen?

Wer bist du?

Nach Buddhas Lehre bedeutet Glücklichsein die Verwirklichung unserer wahren Natur

Der innere Hobbit

Ende 2003 fanden Forscher auf einer indonesischen Insel Überreste eines kleinhirnigen Hominiden. Sie gaben dem Homo floresiensis, eine im Vergleich zum Homo sapiens kleinwüchsige Menschenart, liebevoll den Spitznamen Hobbit. Hobbits sind dir vermutlich eher aus der Romanvorlage von J. R. R. Tolkien und der Filmtrilogie »Der Hobbit« bekannt. Auch in »Der Herr der Ringe« spielen Hobbits eine bedeutende Rolle. Hobbits sind fest mit ihrer Heimat, dem Auenland, verwurzelt. Sie mögen ihre gemütlichen Höhlenhäuser. Hobbits lieben Ruhe. Sie gehen Aufregung aus dem Weg. Sie schätzen Frieden und Stille, die Einfachheit und das Schlichte. Sie sind verbunden in Gemeinschaften, mögen keine Veränderungen, ihr Leben verbringen sie am liebsten in Ruhe und Vertrautheit. Die kleinen menschenähnlichen Wesen haben behaarte und außergewöhnlich große Füße. Sie können sich damit nahezu geräuschlos fortbewegen. Allerdings ist Bewegung und Reisen in ferne Länder nicht so ihre Passion. »Es ist eine gefährliche Sache, aus der Tür hinauszugehen. Du betrittst die Straße und wenn du nicht auf deine Füße aufpasst, kann man nicht wissen, wohin sie dich tragen«, warnt der Hobbit Sam seinen besten Freund Frodo in der Fantasygeschichte »Der Herr der Ringe«[137]. Sie essen ausgiebig und reichlich. Eigentlich wird über den gesamten Tag hinweg geschmaust. Besonders lieben Hobbits alles, was die idyllischen Gärten, Wälder und Flüsse in ihrer Heimat hervorbringen; selbst gefangene Forellen, gejagtes Wild, Waldkräuter und viel frisches Obst und Gemüse.

Was hat ein Hobbit mit dir und deinem Selbstmitgefühl zu tun?

Das *World Hobbit Project* brachte 2014 mehr als 145 Wissenschaftler aus 46 Ländern zusammen, die die Wirkung der *Hobbit*-Filme auf die Zuschauer*innen erforschen wollten. Insbesondere das Gefühl der »Liebe, Freundschaft und Zugehörigkeit« war für die an der Befragung Teilnehmenden ein wichtiger Aspekt an der *Hobbit*-Geschichte. »In einer Welt, die als vom Kapitalismus beherrscht scheint, erscheint Freundschaft als eine Lösung und ein Gegensatz zu den kapitalistischen Motiven Gier und Krieg«.[138]

137 Tolkien (1979).

138 https://www.tolkiengesellschaft.de/22573/was-uns-die-hobbit-filme-sagen-wollen/ (5.7.2023).

Hobbit – Bild einer Klientin

Hobbits sind echt, authentisch und pur. Sie lieben die Einfachheit, sind mit der Quelle der Natur verbunden. Ein Hobbit repräsentiert den unschuldigen Teil in uns, der dem Leben, sich selbst und anderen vertrauen kann. Dieser authentische und unschuldige Teil in uns braucht unser Mitgefühl. Denn er ist leicht zu erschüttern und zu verletzen. Dieser Teil glaubt und hofft, dass alles gut ist. Er setzt auf Vertrauen in andere und die Welt, so wie Kinder, die geliebt und umsorgt werden. Dieser Anteil kann sich das Böse nicht vorstellen. Eine sichere und glückliche Kindheit wird allerdings nicht allen Menschen zuteil. Und wenn du dieses Buch liest, dann gehörst du vermutlich auch nicht zu denen, die genau dieses Urvertrauen mitbekommen haben. Wenn du mit Vertrauen und Beziehungen Schwierigkeiten hast, dann brauchst du Mitgefühl mit dir selbst. Es gibt einen Teil in uns, der eine Ur-erinnerung daran hat, dass das Leben gut ist und man ihm vertrauen kann. Du bist der Mensch, dem du vertrauen kannst.

Seelengymnastik
Mein innerer Hobbit

Wenn du einen Anteil in dir hättest, der einem Hobbit entspricht, wie würde der aussehen? Fühle dich in die Rolle des Hobbits hinein. Wie würde dein Hobbit leben? Was würde er gern tun oder auch nicht tun? Was ist sein Lieblingsessen? Wofür würde er das Haus verlassen? Wofür würde er definitiv keinen Schritt vor die Tür machen? Mit wem würde er sich verbunden fühlen? Und jetzt lege los. Wie sieht er oder sie aus?

Fragen an deinen Hobbit:

- Was kann ich lassen, weil ich keine Lust dazu habe?
- Wie kann ich faulenzen und nichts tun?
- Wie kann ich mehr zur Ruhe kommen?
- Was bringt mir Zufriedenheit im Leben?
- Was macht mich glücklich?

- Wann war ich zuletzt in der Natur?
- Mit welchen Menschen bin ich am liebsten zusammen?
- Wem fühle ich mich zugehörig?
- Wem vertraue ich?
- Wo kann ich wirklich authentisch sein, mich zeigen, wie ich bin?
- Wann habe ich zuletzt einfach nur gespielt?
- Wo kann ich es mir einfacher, schlichter machen?
- Was kann ich ausmisten und weggeben?
- Welche Maske im Außen kann ich fallen lassen?
- Wem zeige ich mein wahres Ich?

Jedenfalls ist es besser,
ein eckiges Etwas zu sein,
als ein rundes Nichts.

Friedrich Hebbel

21.6. Balsam für die Seele

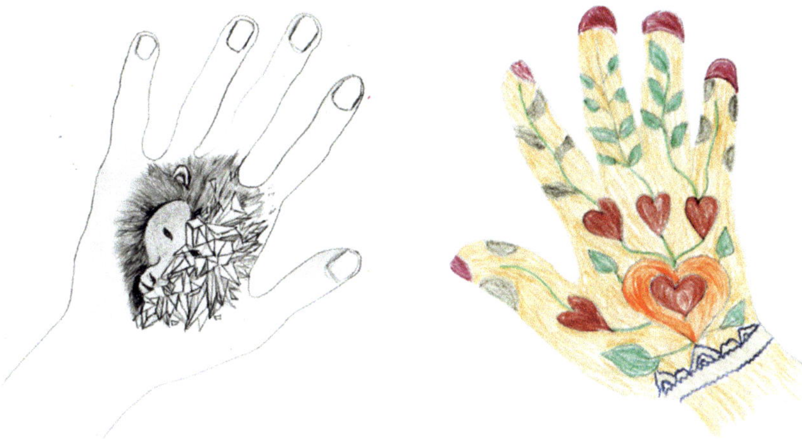

Hände – Künstlergruppe für Geflüchtete

Selbstmitgefühl bedeutet, dass du – auch und vor allem in schweren Zeiten – gut für dich sorgst. Du bremst deinen inneren Antreiber, nimmst dir die Zeit für die Dinge, die anstehen. Du machst ausreichend Pausen und respektierst deine Grenzen. Du stoppst Selbstkritik und redest freundlich mit dir selbst. Du sorgst für deine seelische und körperliche Gesundheit. Deine Hände helfen dir dabei.

Hände helfen und heilen.

Mit den Händen berühren wir die Welt, Dinge, Tiere, Menschen. Wir begrüßen andere mit einem Handschlag. Wir beten mit den Händen. Die Hände setzen wir für unsere Arbeit ein, für Handgriffe im Alltag. Hände können schlagen oder streicheln, anpacken oder ruhen. Unsere Hände unterstützen uns in der Kommunikation. Wir haben Redewendungen um die Hand, etwa »jemandem die Hand reichen« oder »da bist du in guten Händen« als Synonym dafür, geschützt, in Sicherheit, gut aufgehoben, wohl behütet bei jemandem zu sein. Die Hand steht in vielen Kulturen als Schutzsymbol. Die Hand der Fatima ist im arabischen Raum eines der bedeutendsten Schutzamulette. Sie hängt in Häusern oder wird als Kettenanhänger getragen. Auch in Indien gibt es dieses Handamulett, dort heißt es Humsa. Im Judentum ist es die Hamesh-Hand.[139]

Seelengymnastik
Hand-Amulett

Lege eine deiner Hände, rechts oder links, auf ein Blatt Papier und zeichne mit einem Bleistift den Handumriss nach. Anschließend gestalte deine Hand künstlerisch. Dabei kannst du frei arbeiten oder dir auch einen Gestaltungsauftrag geben. Du kannst ein farbiges Muster entwerfen, den Empfindungen in der Hand bestimmte Farben zuordnen (»wo fühlt es sich warm, kalt, taub, gefühlsintensiv an und welche Farbe steht dafür?«) oder thematisch arbeiten (»wen oder was möchten deine Hände halten oder berühren?). Du kannst dich intuitiv führen lassen. Du kannst dich auch schon während des Malens fragen, wovor dich deine Hand beschützen soll.

Wenn du fertig bist, dann gibt es ein paar Fragen zu deiner Hand:

- Wenn die Hand sprechen könnte, was sagt sie mir?
- Wenn meine Hand sehen könnte, wo möchte sie hinschauen?
- Will die Hand etwas tun oder gerade nicht tun?
- Vor wem oder was will dich die Hand beschützen.
- Wen oder was will sie berühren?
- Wen oder was will sie fühlen?
- Wen oder was will sie wegstoßen?
- Wen oder was will sie näher an sich heranziehen?
- Was kann die Hand besonders gut?
- Was will sie nicht anfassen?
- Welcher Finger hat welche Bedeutung für mich?

139 Mehr dazu Morris (2000).

Die innere Weise

Deine innere Weise könnte dich auf deinem Weg zu mehr Selbstmitgefühl unterstützen. Die Idee eines unbewussten Teils in uns, der dem Alltagsbewusstsein des Menschen nicht direkt zugänglich ist, geht zurück auf Sigmund Freud, dem Erfinder der Psychoanalyse. Sein ehemaliger Schüler C. G. Jung griff die Idee modifizierend auf und entwickelte kollektive Urbilder der menschlichen Psyche, die Archetypen, zum Beispiel das Selbst, den Schatten, Animus und Anima sowie die alten Weisen als Weisheitsschicht der Psyche. Auch in der schamanischen Tradition finden wir die alte weise Frau und den alten weisen Mann, die in der spirituellen Welt angerufen werden können. Unser fühlendes Gehirn reagiert auf innere Bilder als Quelle der Intuition. Auch der »Wundermacher« Jan Becker greift diese Idee innerer Instanzen als Quelle der Intuition auf.[140] Wir können die alte weise Frau und den alten weisen Mann künstlerisch umsetzen, befragen und bekommen Antworten durch intuitive Impulse, etwa durch Geistesblitze oder innere Bilder. In der Abb. 21 (S. 214) siehst du eine solche innere Weise einer Klientin, die immer wieder schweren Zugang zu ihren Gefühlen hat, über die Kunst damit aber gut in Kontakt treten kann. In diesem Praxisbeispiel haben wir mit Collage gearbeitet. Vielleicht ist das auch etwas für dich?

Selbstmitgefühl ist deine Trekking-Ausrüstung auf dem Weg zur Heilung.

140 Becker (2016, S. 106 ff.).

Abb. 21 Die innere Weise – Bild einer Klientin

Seelengymnastik
Die innere Weise

Geh in Kontakt mit deiner inneren Weisen. Du kannst sie auch die innere Göttin nennen. Die Alte gibt es seit den Anfängen der Zeit und bis zum Ende. Sie kennt die Wahrheiten und Weisheiten, sie versteht die größeren Zusammenhänge. Setze sie in einer Collage um. Dazu nimmst du dir eine oder mehrere alte Zeitschriften und lässt dich beim Durchblättern von den Farben und Bildern inspirieren. Vielleicht gibt es auch ein Wort oder einen Satz, der dich anzieht. Dann kannst du den Text auch in deine Collage einbeziehen. Lass dich überraschen, was entsteht. Anschließend trete in einen Dialog mit der alten Weisen.

Fragen an deine Weise:

- Wenn meine Weise eine einzige Botschaft für mich hätte, welche ist es?
- Was möchte sie mir unbedingt sagen?
- Um was geht es wirklich?
- Welchen größeren Zusammenhang soll ich erkennen?
- Was war schon immer da?
- Was steht gerade an?
- Worauf soll ich meinen Fokus lenken?

Wer sich nach Licht sehnt, ist nicht lichtlos,
denn die Sehnsucht ist schon Licht.

Bettina von Arnim

Collage einer Klientin

21.7. Götterspeise für die Ohren

Mit der Götterspeise für die Ohren kannst du dein Selbstmitgefühl erklingen lassen. Der griechische Gott Apollon, Vater von Asklepios, war nicht nur der Gott der Heilkunst, sondern auch der Dichtkunst. Er war versehen mit dem Attribut der Schönheit, die mit dem Zustand der Gesundheit gleichgesetzt wurde. Wir können die bildnerische Gestaltung mit Wort- und Satzschnipseln verbinden, indem wir intermedial arbeiten. Dazu brauchst du alte Zeitungen, Papier, eine Schere und Kleber.

Seelengymnastik
Götterspeise für die Ohren

Du kannst deinen inneren Künstler wachkitzeln, indem du dir ein paar alte Zeitschriften, Bücher oder Prospekte suchst. Dir begegnen beim Durchblättern Bilder, Sätze oder einzelne Wörter, die dich anziehen. Lass dich überraschen. Wir arbeiten ohne ein vorgegebenes Thema. Es darf sich etwas zeigen, das zu dir kommen möchte. Schneide oder reiße die Sätze und Wörter aus und lege sie zur Seite. Wir sammeln erst einmal. Anschließend gestaltest du aus deinen Fundstücken eine Collage. Klebe die Wörter, Sätze und Bilder nach deiner Ästhetik zusammen. Welche Wörter oder Sätze ziehen dich auf deiner Collage besonders an? In einem zweiten Schritt kannst du dir einige Wörter bzw. Sätze aus deiner Collage herauspicken und daraus einen Text verfassen. Dein Ziel ist es, die Wörter in deinen Text einzubauen. Fühle dich frei. Es muss sich weder reimen noch sprachlich hervorheben. Du brauchst damit keinen Literaturwettbewerb zu gewinnen.

Fragen zu deiner Collage und dem Text:

- Wenn ich meinem Werk (Collage und/oder Text) eine Überschrift geben würde, wie würde sie lauten?

- Was sehe ich?
- Was fällt mir auf?
- Was höre ich, wenn ich meinen Text laut lese?
- Was ist das Thema?
- Was bewegt mich?
- Was inspiriert mich?
- Was nehme ich mit?
- Was hat mich überrascht?

Was kommt dir entgegen?

Was will sich zeigen?

C. G. Jung, Schüler von Sigmund Freud, konstatierte Urformen menschlicher Vorstellungs- und Handlungsmuster, die er Archetypen nannte. Diese Muster zeigen sich über Kulturen und Epochen hinweg in unterschiedlichen Mythen, Geschichten, Symbolen und Bildern. Deine Sprache des Unbewussten folgt diesen Bildern. Die Sprache der Bilder und Symbole gehört zu einer anderen Ordnung als unsere rationale Sprache. Sie fördert eine intuitive Problemlösung und eine archetypische Ordnungsbildung. Wenn du – wie bei dieser Seelengymnastik - ohne ein konkretes Thema arbeitest und beim Durchblättern der Zeitungen dich von Wörtern und Bildern finden lässt statt zu suchen, dann kommst du in den Bereich des intuitiven Wissens. Es ist, als hättest du in deinem Inneren eine Tür, die dich in die innere Welt der Möglichkeiten, Freiheiten und Verrücktheiten führt, dort, wo alles möglich ist. Hier kannst du neue Erkenntnisse aufspüren, deinen inneren Nebel durchdringen und Geheimnisse lüften.

Teebeutelkunst

Das dänische Wort *Hygge* beschreibt eine gemütliche und herzliche Atmosphäre, in der man – am besten gemeinsam – das Leben genießt. Tee gibt Wärme in der Kälte. Das können wir auch im übertragenen Sinne verstehen. Verbundenheit, eine wohlige Wärme und liebevolle Atmosphäre sind Nährboden für Mitgefühl für sich und andere.
Was verbindest du mit Teetrinken? Welche Assoziationen kommen dir dazu in den Sinn? In einer meiner kreativen Frauengruppen haben wir zum Thema Tee diese Gedankenimpulse gesammelt: Geborgenheit, Heilung, Kräuter, Verbundenheit, Stille, Ruhe, Vielfalt, Winter, Herbst, Ostfriesland, Nähe, Seelenverwandtschaft, Einkehr, Heimeligkeit, Innenschau, Wärme, Gemächlichkeit, Schutz, Sicherheit, Lesen, Gemeinsamkeit, Sofa, Geruhsamkeit, Gemütlichkeit. Du hast vielleicht noch weitere Ideen.

Hygge, mit einem heißen Tee das Leben aufwärmen

Was gibt dir innere Wärme bei emotionaler Kälte?
Hast du Lust dazu, ein Teebeutelkunstwerk zu malen?

Seelengymnastik
Teebeutelkunst

Gieße dir deinen Lieblingstee auf. Natürlich kannst du auch losen Tee nehmen. Für das Teebeutelkunstprojekt macht es allerdings Spaß, einen Beutel zu verwenden. Welcher Tee zieht dich an? Welche Gedanken und Erinnerungen hast du dazu? Nimm den Faden nebst Etikett des Teebeutels und/oder die Verpackung und mache daraus eine künstlerische Collage wie in Abb. 22 beispielhaft dargestellt.

Abb. 22 Teebeutelkunstwerk einer Klientin

In Abb. 22 ist ein Teebeutelkunstwerk dargestellt. Der Klientin war zum Rooibusch-Tee mit Geschmacksrichtung Sahne-Karamell, die Wortähnlichkeit von Karamell und Kamel gekommen. Ganz spontan habe sie dann einfach ein Kamel an den Teebeutelfaden gehängt, ohne sich viel dabei zu denken. Umso überraschender sei für sie gewesen, dass das Kamel als Krafttier für Ruhe, Rückzug, Besinnung und auch Langsamkeit stehe. Überhaupt habe das Bild so viel Bezug zur Natur und strahle etwas Warmes aus. Für sie war die Botschaft: Mache langsam, wenn es schnell gehen soll.

Mache langsam, wenn es schnell gehen soll.

21.8. Naturheilmittel

Johnson – Künstlergruppe für Geflüchtete

Wir lassen uns für unsere Selbstfürsorge von Mutter Natur inspirieren, von Flora und Fauna und ihren Elementen. Wo können wir besser für uns selbst sorgen, als in der Natur? Kunst und Natur sind kreative Schwestern. In der Natur fühlen wir uns verbunden, haben das Gefühl, dass alles am richtigen Platz ist und einen Sinn ergibt. Indigene Kulturen beziehen alle ihre Weisheitslehren aus der Natur. Die Natur kann uns ein Vorbild, eine Lehrerin sein.

Dein Krafttier

Tiere eigenen sich besonders gut zur kreativen Umsetzung. Jeder verbindet etwas mit Tieren. Krafttiere sind die Seele der Mutter Erde, heißt es in der schamanischen Tradition. Sie sind geistige Helfer und Verbündete, die wir rufen können, wenn wir Hilfe brauchen. Ein Krafttier macht uns auf kraftvolle Eigenschaften aufmerksam und weckt unsere Potenziale. Krafttiere helfen, Ressourcen zu wecken und Blockaden abzubauen. Auch die Stärken,

Schwächen und Eigenschaften eines Tieres sind uns hilfreiche Wegweiser. Wenn wir ein Krafttier rufen, dann repräsentiert es einen instinktiven Teil von uns, zu dem wir den Kontakt verloren haben oder den wir vielleicht sogar ablehnen.
Krafttiere, die mit den vier Himmelsrichtungen des Medizinrads assoziiert sind, repräsentieren eine der vier Grundkräfte der Natur. Je nach Tradition und Umgebung sind das unterschiedliche Tiere. Die Krafttiere stehen für Naturenergien, die sich hinter den Himmelsrichtungen verbergen. Die Q'eros, Nachfahren der Inka, rufen die Himmelsrichtungen im Medizinrad, vertreten durch symbolische Tiertotem wie Schlange, Jaguar, Kolibri und Adler an. Die Schlange im Süden repräsentiert die Heilkraft der Natur. Das Gift kann töten und heilen. Im Westen des Medizinrades symbolisiert der Jaguar das Naturprinzip der Transformation, die Zyklen von Leben und Tod (siehe Kapitel 21.4., Begleiter durch die Dunkelheit). Der Kolibri im Norden, der jedes Jahr dem uralten Ruf folgt, sich auf einen langen Flug von Brasilien nach Kanada zu machen, spiegelt das Prinzip der großen Reise. Der Adler im Osten weist auf die Selbst-Transformation hin. Er behält in einem Metablick alles im Auge, ist verbunden mit Vergangenheit und Zukunft. Wir können auch andere Tiere verwenden, die unserer Umgebung und Kultur mehr entsprechen. Diese Vierteilung von Lebensprinzipien finden wir in verschiedenen religiösen und kulturellen Traditionen. Vielen bekannt sind die vier Elemente »Feuer, Wasser, Erde, Luft«, auf die wir noch eingehen werden. Die gesamte Poesie des Lebens wird mit einem Alphabet geschrieben, das aus vier Buchstaben besteht: den vier Buchstaben der DNS-Paare. Der Unterschied zwischen der schamanischen Sichtweise und der physikalischen und biologischen Perspektive ist, dass Schamanen glauben, diese Kräfte der Natur beschwören und mit ihnen interagieren und effektiv kommunizieren zu können, so der Medizinanthropologe Alberto Villoldo.[141]

***Wenn der Geist der Schlange erscheint, ist es Zeit,
dich und dein verwundetes Herz gesunden zu lassen.***

Colette Baron-Reid[142]

141 Villoldo (2001).
142 Baron-Reid (2018, S. 195).

Seelengymnastik
Dein Krafttier

Wofür brauchst du aktuell Unterstützung? Welche Kräfte kannst du dafür gebrauchen? Welches Tier fällt dir dazu ganz spontan ein? Setze das Tier künstlerisch um. Das kann ein konkretes Tierbild sein oder etwas Abstraktes. Es ist nicht wichtig, dass andere das Tier erkennen. Es ist *dein* Wesen, das sich in den Farben, Formen und Strichen ausdrückt.

Fragen an dein Krafttier:

- Warum bist du zu mir gekommen?
- Was möchtest du mir mitteilen?
- Wovor möchtest du mich beschützen?
- Wovor möchtest du mich warnen?
- Was sind Stärken? Was davon brauche ich?
- Was kannst du, was ich nicht kann?
- Was kann ich von dir lernen?
- Was sind deine besonderen Eigenschaften? Wie kann ich diese nutzen?
- Hast du eine Nachricht für mich?
- Welche Botschaft hast du für mich?
- Wie kann ich dich in meinen Alltag integrieren?
- Wie kann ich dich am besten rufen?
- Kann ich etwas für dich tun?

Jeder Mensch kann sich jederzeit mit seiner inneren Welt verbinden. Krafttiere sind ein Weg dorthin.

Großväterchen Wasser

Wassergott – Künstlergruppe für Geflüchtete

Eines der klassischen Hausmittel, das in jedem kreativen Medizinschrank stehen sollte, sind die vier Elemente. Feuer, Wasser, Erde, Luft. Sie haben als Essenz des Lebens eine lange Tradition in unterschiedlichen Kulturen und Epochen wie der griechischen Philosophie, dem Schamanismus (keltisches Medizinrad), der Alchemie und der chinesischen Kultur (dort mit einem zusätzlichen fünften Element).[143] Die Vier-Elemente-Lehre war bis ins 17. Jahrhundert hinein bestimmend für die Medizin und ist Grundlage des Periodensystems der Chemie. A, C, G und T[144], die vier Basen der DNS, bilden die Buchstaben im Alphabet des Lebens. Die Vierteilung wurde auch von der Astrologie übernommen. Jedes der Tierkreiszeichen wird einem der vier Elemente zugeordnet. In der Kunstgeschichte trifft man auf zahlreiche allegorische Darstellungen der vier Elemente. Die Elemente sind archetypische Symbole. Symbole kommen in unserer Welt immer wieder vor. »Der Weg zu

143 Siehe dazu auch in meinem Buch: Kunst als Sprache der Intuition. Der holografische Ansatz in der Kunsttherapie und kunstanalogen Transformationsprozessen. Synergia Verlag.

144 Nukleobasen Adenin, Cytosin, Guanin und Thymin.

Vollkommenheit, zur Einheit wird uns leichter über die Elemente, die jedes ein Viertel der Ganzheit und Vollkommenheit sind«, beschreibt es Dahlke.[145]

Der Weg der Wahrhaftigkeit

Seit dem Altertum gilt das **Feuer** als etwas Heiliges. Römische Priesterinnen hatten die Aufgabe, das heilige Feuer zu bewachen. Die Germanen und Kelten entzündeten zum Frühlingsanfang brennende Baumscheiben, die sie ins Tal rollen ließen. Mit diesem Feuerritual zeichneten sie den Weg der Sonne nach. Feuerrituale kennen wir bis heute. Zu Ostern brennen Osterfeuer. Und Menschen lieben es, gemeinsam am Lagerfeuer zu sitzen. Heute ist es der Grill, um den wir uns versammeln. Das Element Feuer versinnbildlicht eine innere antreibende Kraft. Das Feuer gibt uns Licht, Kraft und einen starken Überlebenswillen. Auf einer seelischen Ebene repräsentiert es vor allem Inspirationen, Geistesblitze und Intuition.

Das **Wasser** gilt als Symbol der Reinigung und Läuterung. Es repräsentiert das Potenzial des Lebens. Es weist auf einen transformativen Schritt vom bisherigen Selbst ins Neue hinein. Im christlichen Glauben wird das gesegnete Wasser für die Taufe genutzt. C. G. Jung sprach von den mütterlichen, an den Frauenschoß erinnernden Qualitäten des Archetyps Wasser. Das Element Wasser steht vor allem für Empfindungen und Emotionen. Es ist Sinnbild für das Leben, für Wachstum und Entwicklung. Es spiegelt Reinigung, Läuterung und Regeneration wider.

Die **Erde** ist unsere kollektive Mutter, sie nährt uns. Das Element Erde symbolisiert die materielle Welt, dazu gehören die Alltagswelt um uns herum und auch unser Körper, mit dem wir uns in dieser Welt bewegen. Das Symbol Erde gibt uns Erdung. Sicherheit, Stabilität, Beständigkeit sind ihm zuzuordnende Begriffe.

Luft ist eine Metapher für das Leben. Wir atmen das Neue ein und lassen das Alte los. Das Symbol Luft steht für die geistige Ebene. Sie ist flüchtig und beweglich. Luft als Symbol steht für Kommunikation, Denken und inspirierende Ideen. Die Kraft des Denkens ist Kreativität. Wie wir kommunizieren und uns ausdrücken, bestimmt, was wir erschaffen. Die Qualität unserer Gedanken und Worte haben Einfluss auf unsere Realität. Es ist ein Zeichen der Veränderung, wenn sich der Geist des Windes zeigt. Stürme reinigen und verbreiten die Samen. Ein Sturm pustet durch und bringt Klarheit.

---

145 Dahlke (2011, S. 8).

Seelengymnastik
Die vier Elemente

Nimm dir ein Blatt Papier und male die vier Elemente. Feuer, Wasser, Erde, Luft. Folge deinen Impulsen. Du kannst das Blatt vierteilen und in jedes Feld ein Element malen. Du kannst eine Landschaft malen, in der du die Elemente einbettest. Du kannst auch ganz abstrakt arbeiten. Vielleicht hast du auch den Impuls, nur ein Element umzusetzen, dann ist das auch gut. Welches Element beschäftigt dich gerade besonders? Welches gefällt dir besonders gut? Du kannst anschließend die Fragen beantworten:

Wann bin ich in meinem Element?

- Erde: Wo sind meine Wurzeln? Wo brauche ich mehr Bodenhaftung? Fühle ich mich sicher? Wie steht es um meine Existenz?
- Wasser: Was soll ins Fließen kommen? Was muss abgespült, gereinigt werden?
- Luft: Wie kann ich die Dinge leichter nehmen? Welche Gedanken kann ich loslassen, um in meine Kraft zu kommen? Wie kann ich sprechen, damit sich meine Wünsche manifestieren?
- Feuer: Wofür brenne ich wirklich? Wo brennt es? Wo schmerzt es? Wo steckt der Schmerz fest?

Heilige Wasser
Trunken von den Wogen der See,
die mich wie eine Decke umarmen.
Furchtlos in ihrer Gegenwart die Fesseln lösend,
rufe ich sie herbei aus tiefstem Herzen.

Lorriane Anderson, Juliet Diaz[146]

146 Anderson, Diaz (2022, S. 65).

Seelenbaum – Bild einer Hochbetagten

Der Baum des Lebens

Der Baum des Lebens ist ein uraltes Symbol, das die Fülle repräsentiert. Er nährt und versorgt uns. In der Kabbala, einem Schriftstück des mystischen Judentums, ist der Baum des Lebens ein Symbol für die spirituelle Nahrung und Weisheit. Diese Sichtweise stelle eine Verbindung zum Baum des Lebens im Paradies her, in dem er der Baum der Erkenntnis von Gut und Böse ist, so Pearson.[147] Adam und Eva wählten Wissen statt Unschuld und nahmen damit das ganze Leben in seiner Dualität an. Freude und Schmerz, Licht und Dunkelheit. Im Buddhismus ist es der Bodhi-Baum, unter dem Buddha erleuchtet wurde. In der schamanischen Tradition verbindet der Baum des Lebens die obere geistige Welt mit der unteren Welt. Durch den Baum kann der Schamane in beide Welten reisen. Der Baum des Lebens ist ein heiliges Symbol. Er vereint alle Elemente. Seine Wurzeln reichen tief in die Erde und seine Äste in den Himmel. Für ein Leben in Verbundenheit brauchen wir beides, Äste und Wurzeln. Unsere Seele führt uns dahin, wo sie uns auf unsere Bedürfnisse aufmerksam machen will. Wie sieht dein Baum des Lebens aus? Wie viel weiß dein Baum über dich? Wenn du ein Baum wärst, wie würdest du für dich sorgen?

Seelengymnastik
Der Baum des Lebens

Male deinen Baum des Lebens. Ein Stamm, starke Äste, feine Zweige und eine Krone mit Blättern, die ihr Aussehen mit den Jahreszeiten wechselt. Wo steht der Baum? Wie sieht die Umgebung aus? Hörst du etwas dort? Welche Geräusche gibt es? Ist es ein Baum aus deiner Erinnerung oder ein Fantasiebaum? Fang einfach an und mache dir nicht zu viele Gedanken, wie das Bild werden soll. Lass dich lieber von dir selbst überraschen.

147 Pearson (2019, S. 188).

Fragen zum Baum:

- Wie sieht mein Baum aus?
- Wo steht er?
- Was umgibt ihn?
- Steht der Baum allein oder mit anderen?
- Wie sieht die Landschaft aus, die ihn umgibt?
- In welcher Jahreszeit lebt der Baum gerade?
- Wie ist der Stamm gewachsen?
- Wir ist der Baum verwurzelt?
- Wie sehen die Äste, Zweige und Blätter aus?
- Was braucht der Baum?
- Hat er eine Botschaft für mich?
- Fühlt sich der Baum, dort wo er steht, gut aufgehoben?
- Welche Nährstoffe braucht sein Boden?
- Hat er genug Nährstoffe?
- Welche Blüten bringt er hervor?
- Welche Früchte kann ich ernten?
- Welche Rückschlüsse kann ich daraus auf meine aktuelle Situation ziehen?

Mache die Natur zu einem Tempel.

Der Stein der Weisen

Abb. 23 Steinbild einer Klientin

Wenn es einen Stein der Weisen gäbe, was würde der dir wohl sagen, wie du dich noch besser um dich selbst kümmern kannst?
Der Stein hat für uns viele verschiedene Bedeutungen und weckt unterschiedliche Assoziationen. Wir haben zahlreiche Redewendungen zum Stein. »Er ist wie versteinert«, »Mir fiel ein Stein vom Herzen«, »Ein Herz aus Stein«, »Bei jemandem einen Stein im Brett haben«, »Etwas ist in Stein gemeißelt«. Der Stein steht für etwas Verhärtetes, gar Lebloses und auch Ewiges. Gleichzeitig gibt er Rätsel auf. Der geheimnisvolle »Stein der Weisen« bezeichnet in der Alchemie einen Stein, der unedle Metalle in Gold und Silber verwandeln kann. Er steht für Heilung und Läuterung. Der römische Gott Mithra, eine mythologische Personifizierung der Sonne, wurde in einer Felsenhöhle geboren. In vielen Kulturen wird erzählt, wie Felsen Edelsteine gebären, ebenfalls ein Zeichen der Transformation.
Wir können die Kraft von Symbolen nutzen. Symbole sind mehrdeutig und über Sprachgrenzen hinweg verständlich. Der symbolische Ausdruck besteht nach C.G. Jung darin, dass in Analogien etwas noch Unbekanntes

und Werdendes sichtbar werden kann. Symbole haben keine starre festgeschriebene Bedeutung, sie werden von kollektiven und individuellen Wahrnehmungen geprägt. Wir müssen die symbolische Sprache entschlüsseln. Es ist, als bist du auf der Fährte eines Wolfes unterwegs, die dich durch das Dickicht des Waldes auf eine Lichtung führt. Du streifst durch die Weiten, verfolgst Spuren, nimmst die Witterung auf, pirschst dich heran, ziehst dich zurück, greifst an. Du folgst deinem Instinkt und deiner Intuition. Der Geist des Wolfes führt dich tief in den Zauberwald, der das Geheimnis deines Lebens birgt. Kannst du spüren, wie er dir ein Zeichen gibt?
In Abb. 23 ist ein Praxisbeispiel einer Klientin aus meiner Frauengruppe abgebildet. Sie identifizierte für sich das Thema »Ich bin nie genug«. Die Klientin berichtete von einer permanenten Angst, nicht zu genügen. Ich hatte die Frauen gebeten, zu ihrem Thema einen Stein zu suchen und mitzubringen. Zu ihrem Stein entstand das in Abb. 23 dargestellte Bild. Sie habe sich von der Form des Steines inspirieren lassen, aus der sich das Gesicht des Kopffüßlers entwickelte, so die Klientin.
Eine große Ressource in der Gruppenarbeit ist die Möglichkeit, mit anderen zusammen frei zu assoziieren. Beim freien Assoziieren geht es um die ganz persönlichen Eindrücke, die jemand hat, wenn er oder sie dein Bild betrachtet. Die Imagination und Assoziation beinhalten eine Rückbesinnung auf die Bilderwelt der Seele. Zum hier dargestellten Bild kamen aus der Gruppe Assoziationen wie: »Stummer Schrei«, »Mein inneres Weinen«, »Ich will geliebt werden« oder auch »sanft und harmonisch«.
Die Klientin war von ihrem eigenen Bild und auch den Rückmeldungen angetan und berührt. Denn vor allem stand das Thema »Kind sein dürfen« und »Kindheit« für sie im Raum. Die Tüte mit Brausepulver hatte sie zufällig gefunden und ganz spontan ins Bild eingearbeitet. Auch die Süßigkeit erinnerte sie an ihre Kindheit. Für sie war zusammenfassend wichtig, wieder mehr in ihre kindliche Kraft zu kommen. Mehr Spielen statt funktionieren, Nichtstun statt Leistung waren erste Impulse. Und tatsächlich lassen sich Probleme oft besser lösen, wenn wir die Gedanken flattern lassen, kreativ sind und spielen. Wir schalten dann von Verstand auf Intuition, von linker Hirnhälfte auf die rechte.

Seelengymnastik
Der Stein der Weisen

Suche dir für dein belastendes Thema einen ganz gewöhnlichen Stein. Nehme dir etwas Zeit dafür, um zu schlendern und zu schauen, welcher Stein dich magisch anzieht. Frage dich: »Wie sieht es im Inneren deines Steines aus?« Dazu malst du ein Bild. Du kannst dich aber auch von der äußeren Form des Steins inspirieren lassen. Welche Farbe hat der Stein, welche Form? Hast du dazu eine Assoziation, die du auf das Papier bringen willst?

Einige Fragen und Anregungen für die Arbeit mit deinem Stein könnten lauten:

- Wie hat der Stein mich gefunden?
- Erinnert der Stein mich an etwas?
- Welche Gedanken kommen mir in den Sinn?
- Welche Assoziationen habe ich zu meinem Bild?
- Wenn das Bild mit dem Stein einen Titel hätte, wie würde dieser lauten?
- Was könnte das Thema im Bild mit deinem belastenden Lebensthema zu tun haben?
- Wenn der Stein sprechen könnte, was würde er mir sagen?
- Wenn der Stein eine Botschaft hätte, wie würde diese lauten?

21.9. Wundermittel

Abb. 24 Vater – Bild Ulrike Hinrichs

»Die Erinnerungen brechen wie ein Bienenschwarm aus ihr hervor, gleiten wie Eisläufer über die Bahn und drehen dort ihre Pirouetten, schnell wechselnde Gemütsregungen zucken über ihr Gesicht.«

Aus der Geschichte »Die Geisterlore« von Heinz Strunk[148]

Unser Mitgefühl für uns selbst kann durch belastende Lebenserfahrungen und Traumata gestört sein. Ich habe die Saboteure und Dämonen schon im Kapitel 20 vorgestellt. Jeder von uns trägt ein Puzzlewerk der Lebenserinnerungen in sich. Einige Episoden erscheinen bunt und lebendig, andere grau und dunkel. Manche Lebensabschnitte sind wie ausgelöscht, in ein schwarzes Loch gefallen, von einem dunklen Nebel umhüllt. Unsere Erinne-

148 Strunk (2023, S. 116).

rungen an Kindertage sind nicht immer ganz klar, manchmal sogar hinter einem grauen Nebel verschwunden. Stephen King schreibt das anschaulich in seiner Autobiografie:

»Meine Jugend ähnelt eher einer vernebelten Landschaft, in der gelegentlich Erinnerungen wie vereinzelte Bäume auftauchen, diese Art von Bäumen, die aussehen, als wollten sie einen packen und fressen.«[149]

Wer seinen eigenen Erinnerungen traut, könnte von seinem Gedächtnis reingelegt worden sein. Die Erinnerung ist raffiniert und trügerisch. Oft haben wir nur Erinnerungsfetzen, die sich eher wie Puzzlestücke zusammenfügen, geschmückt mit Anekdoten und Geschichten etwa aus der Familie. Unser Erinnern von Erlebtem ist kein getreues Abbild der Vergangenheit, es gleicht vielmehr einer Geschichte, die wir immer wieder neu erzählen. Erinnern sei nichts Statisches, sondern ein aktiver Prozess, erklärt die Hirnforscherin Daniela Schiller, es erfolge jedes Mal ein erneuter Speicherprozess.[150] Unser Erinnern ist einerseits kein Abbild der Realität, andererseits sind die Erinnerungen, vor allem Gefühle und Themen dennoch wahr. Günter Grass beschreibt in seinem Werk »Beim Häuten der Zwiebel« die Tücken der Erinnerung sehr anschaulich:

»Wenn ihr mit Fragen zugesetzt wird, gleicht die Erinnerung einer Zwiebel, die gehäutet wird, damit freigelegt werden kann, was Buchstab nach Buschstab ablesbar steht: selten eindeutig, oft in Spiegelschrift oder sonst wie verästelt. Unter der ersten, noch trocken knisternden Haut findet sich die nächste, die kaum gelöst, feucht eine dritte freigibt, unter der die vierte, fünfte warten und flüstern. Und jede weitere schwitzt zu lang gemiedene Wörter aus, auch schnörkelige Zeichen, als habe sich ein Geheimniskrämer von jung an, als die Zwiebel noch keimte, verschlüsseln wollen.«[151]

Sich dieser Vergangenheit zu nähern, kann uns gelingen, indem wir uns unserer Kindheit künstlerisch nähern. Eine Reise in die Vergangenheit geht am besten über alte Fotos. Wir können über unser Abbild mit unserer jün-

149 Stephen King (2000, S. 19/20).

150 Young, https://www.heise.de/hintergrund/Das-Gedaechtnis-ist-nicht-statisch-2038305.html (30.11.2022).

151 Grass, (S. 7 ff).

geren Version von uns selbst in Resonanz gehen. Die Spiegelneuronen sind unser Resonanzsystem. Es entsteht in uns ein Spiegelbild von dem, was wir wahrnehmen.[152] Resonanz beschreibt das Einschwingen auf andere Menschen und die ihn umgebende Welt.

»Emotionale Resonanz als eine bestimmte Form zwischenmenschlicher Interaktion ist eine basale Erfahrung jeder zwischenmenschlichen Beziehung. Sie meint eine ganzheitliche Form des Aufeinander-bezogen-Seins und bezieht als prä- bzw. extraverbales Beziehungsgeschehen die seelische, körperliche und geistige Ebene gleichermaßen mit ein. Emotionale Resonanz ist in einem weiteren Kontext ein »transverbales« Phänomen, in dem letztlich das Geheimnis des Angerührt-Werdens zum Ausdruck kommt. Emotionale Resonanz lässt in uns etwas anklingen und berührt uns. Ob, wann und in welchem Ausmaß etwas in mir oder im anderen anklingt, ist weder machbar noch kontrollierbar und erhält letztlich eine spirituelle Dimension«, konstatiert die Musiktherapeutin Gindel.[153] Rosa beschreibt Resonanzphänomene als ein »rhythmisches Aufeinander-einschwingen«[154] zwischen dem Menschen und seiner Umwelt.[155] Resonanz sei als ein Bezogensein auf die Welt, ein dialogisches Eingebundensein in die Erfahrungen des Lebens zu verstehen. In diesem Sinne können wir auch mit uns selbst in Resonanz kommen, etwas anklingen lassen aus der Vergangenheit.

Dafür suchen wir uns intuitiv ein Foto aus, das uns anzieht. Dieses Foto können wir anschließend als Impuls für eine künstlerische Umsetzung nehmen. Das kannst du auch mit Bildern deiner Familienmitglieder oder Ahnen machen. In Abb. 24 siehst du ein Foto und das dazu entstandene Bild von meinem Vater, als er noch ein Kind war. Du bemerkst, dass es sich bei dem dazugehörigen Bild nicht um ein perfektes Abbild des Fotos handelt. Es geht um eine Kontaktaufnahme zu dem Moment, der im Foto eingefangen ist. Ein weiteres Beispiel findest du in der Abb. 25. Es ist ein Kinderfoto von mir. Ich setze mir für solche Porträts eine besondere Herausforderung, um nicht zu perfektionistisch zu werden. Meine Challenge lautet: Ich darf beim Zeichnen den Stift nicht absetzen. Du kannst das Porträt auch versuchen, »blind« zu zeichnen. Schaue beim Skizzieren nur auf das Foto, während der Bleistift übers Papier fährt.

152 Bauer (2006).
153 Gindel (2001, S. 39).
154 Rosa (2016, S. 55).
155 So auch Bauer, 2006, S. 17.; Franckh (2009).

Abb. 25 Porträt ohne Stift absetzen – Ulrike Hinrichs

Es ist nie zu spät für eine glückliche Kindheit.

Erich Kästner

Seelengymnastik
Mein jüngeres Ich

Greife dir ein Fotoalbum und blättere darin. Welches Foto zieht dich magisch an? Lasse dich intuitiv führen. Nimm einfach das Foto, das dich gerade am meisten fesselt. Es kann ein Bild von dir als Kleinkind sein oder ebenso eines als Teenager. Du kannst vertrauen, dass dich das richtige Bild anspringt. Bei der anschließenden künstlerischen Umsetzung geht es nicht um ein reales Abbild des Fotos. Vielmehr versuchen wir in Resonanz zu gehen mit dem Kind, das auf dem Foto durchschimmert. Die Fotovorgabe schränkt unseren Blick ein. Wie soll ich die Hand malen, den Mund formen, wie schaffe ich eine Ähnlichkeit herzustellen? Du brauchst kein realitätsgetreues Porträt. Du kannst das Bild abzeichnen ohne den Stift abzusetzen oder auch blind zeichnen, indem du nur auf das Foto schaust, während du die Linien ziehst. Dann ergänzt du Linien und Farben nach deinen Ideen und Wünschen.

Anschließend kannst du mit deinem Bild in Kontakt kommen. Das Kunstwerk ist wie ein Bote, der mit dir in einen Dialog treten will. Wenn du magst, kannst du auch einen Brief dazu schreiben. Fragen könnten sein:

- Wenn mir mein jüngeres Ich etwas mitteilen möchte, was ist es?
- Welche Gedanken, Erinnerungen, Impulse, Gefühle kommen mir in den Sinn?
- Was ist überraschend, was ist wie erwartet?
- Wenn mein jüngeres Ich mit mir sprechen könnte, welchen Satz würde es mir jetzt sagen?
- Was würde es mir raten?
- Was möchte ich meinem jüngeren Ich sagen?
- Was kann ich lernen?
- Welche Fußspuren hinterlässt mein jüngeres Ich in meinem jetzigen Leben?
- Was schimmert durch?
- Was wird sichtbar?

Besuch aus der Vergangenheit

»Während seiner Zeit als Lehrer hörte Arkady zum ersten Mal vom Labyrinth unsichtbarer Wege, die sich durch Australien schlängeln und die Europäer als »Traumpfade« oder »Songlines« und den Aborigines als »Fußspuren der Ahnen« oder »Weg des Gesetzes« bekannt sind.«

Aus dem Roman »Traumpfade« von Bruce Chatwin[156]

Alte spirituelle Praktiken haben ihren Ursprung in der Natur. Von den indigenen Kulturen können wir lernen, wie wir die Verbindung zur Natur wieder herstellen und in Kontakt mit unseren Ahnen treten können. Nun ist für die künstlerische Arbeit nicht entscheidend, ob du es für möglich erachtest oder für völligen Blödsinn hältst, mit deinen Ahnen zu kommunizieren. Es geht darum, dass du mit dir und deiner Herkunft in Verbindung bist und dich damit versöhnst, sie annimmst und auch Mitgefühl mit dir und deinem Leben hast.

Mein Opa Ernie hatte zwei Weltkriege überstanden und wollte danach nur noch seine Ruhe haben. Sein Gesichtsausdruck wirkte stets traurig und müde. Gelacht hat er selten, geschimpft hat er nie. Alle großen und kleinen Probleme des Alltags schienen ihm nach den Kriegserlebnissen irrelevant, selbst als seine minderjährige Tochter mit mir schwanger war. Von meinem Großvater väterlicherseits wurde ein Schwangerschaftsabbruch ins Spiel gebracht. Meine erzkatholische Großmutter erlitt einen Nervenzusammenbruch, während Opa Ernie sich mit seiner noch ungeborenen Enkelin solidarisierte. Welcher Angehörige kommt dir als erstes in den Sinn, mit dem du dich beschäftigen möchtest? Durch die kreative Kontaktaufnahme zu deinen Ahnen kannst du noch mehr über dich herausfinden und mehr Mitgefühl für die Schicksale deiner Vorfahren entwickeln. Damit heilst du die alten Geschichten. Du heilst dich. Es geht um deinen ganz persönlichen Weg zu dir selbst. Gleichzeitig spürst du unbewusste Verwicklungen und Verbindungen auf, in denen du gefangen bist. Beispielsweise könnte so eine Verwicklung sich in einem unbewussten Glaubenssatz äußern wie: »Ich darf nicht besser sein als mein Vater«.

Lass dich von den nachfolgenden Fragen inspirieren, um dich im Familiensystem besser einordnen zu können.

---

156 Chatwin (1987, S. 8).

Opa und Ulrike

Das Ahnennetz

- Wer hat mit wem Ähnlichkeit? Wem bin ich ähnlich? Von wem habe ich welche Eigenschaften? Und wie unterscheide ich mich von den Familienangehörigen, denen ich ähnlich bin?
- Welche positiven Erfahrungen aus meiner Ursprungsfamilie sollen Bestand haben und an meine Kinder weitergegeben werden?
- Welche Auffassungen und Regeln gelten in der Familie hinsichtlich bestimmter Gefühle wie Freude, Zuneigung, Trauer, Liebe, Wut, Angst, Schmerz, Hilflosigkeit, Eifersucht?
- Was habe ich Positives von den Eltern bzw. den Großeltern gelernt?
- Welche Fähigkeiten der älteren Geschwister, Eltern oder Großeltern schätze ich besonders?
- Welche Fähigkeiten habe ich aus der Familie mitbekommen?
- Welchen Rucksack an Belastungen habe ich für mein Leben aus der Familie mitbekommen?
- Gibt es Verletzungen und Traumata, die sich wie ein roter Faden durch viele Generationen ziehen?
- Gibt es ein Tabu, ein Familiengeheimnis?
- Wie hat es die Familie geschafft, mit Krankheit, Krisen und Verlusten umzugehen?
- Gibt es ein gemeinsames Thema über die Generationen hinweg (z. B. Vergewaltigung, Kinderlosigkeit etc.)?
- Gibt es besondere Ereignisse und Heldengeschichten?
- Gibt es Anekdoten oder Mythen, die man sich über die Generationen hinweg erzählt?
- Gibt es bestimmte Familienbotschaften, die von Generation zu Generation weitergegeben werden?
- Gibt es erschütternde Ereignisse wie Krieg, Flucht, Migration, Kolonialismus?
- Gibt es Ausgrenzungserfahrungen?
- Welche Rituale gebrauche ich im Alltag, die aus meiner Familientradition stammen? Wie werden Feste gefeiert, welche Spiele gespielt?
- Welches Familiendrama gibt es?
- Habe ich Zugang zu dem Wissen meiner Vorfahren?
- Wie begegne ich meinen Vorfahren, den Familienältesten?
- Welchen Ahnen will ich Vergebung schenken?
- Welche Frage muss noch gestellt werden?

Seelengymnastik
Besuch aus der Vergangenheit

Frag dich, wer dich gerade in deiner aktuellen Situation aus deiner Ahnenreihe unterstützen kann. Welche Person kommt dir spontan in den Sinn? Du kannst auch in alten Fotoalben stöbern. Bei welchem Bild bleibst du hängen? Es wird das richtige sein. Dann setzte es künstlerisch um. Es geht um einen Kontakt zu der Person im Bild. Du kannst auch einfach nur einzelne Elemente rausgreifen oder abstrakt mit den Farben spielen. Du kannst ebenso ohne ein Foto arbeiten und aus den Erinnerungen, Anekdoten und Erzählungen schöpfen, die es in deiner Familie gibt.

Wenn du das Bild fertig gemalt hast, befrage deinen Ahnen:

- Welche Weisheit hältst du für mich bereit?
- Welche Lektion soll ich lernen?
- Was hast du mir zu sagen?
- Wie kannst du mir helfen?
- Worauf soll ich achtgeben?
- Was habe ich von dir?
- Was soll ich auf keinen Fall tun?
- Wie ist die Antwort auf die nicht gestellte Frage?
- Welchen Schmerz hast du an mich weitergegeben?
- Welches Familientabu ist noch nicht gelöst?
- Welchen Familienschatz darf ich noch entdecken?

Finde deine persönlichen Fragen und lass dich überraschen, welche Fragen und auch Antworten dir in den Sinn kommen. Du bist Teil einer Ahnenreihe und dieser Teil ist in dir. Die Antworten kommen aus dir heraus.

Eule – Künstlergruppe für Geflüchtete

21.10. Zaubertrank

Im Mittelalter galt die nachtaktive Eule als Hexenvogel und Gefährtin des Teufels. Eulen wurden getötet und an das Scheunentor genagelt. Dieses makabere Ritual sollte vor Hexen, bösem Zauber und unerwartetem Tod schützen. In der griechischen Antike symbolisierte die Eule Weisheit. Es ist die weibliche Kraft, die Dunkelheit, die die Eule widerspiegelt. Das nicht domestizierte, wilde Weibliche ist schwer zu greifen, unheimlich und wirkt auf viele Menschen bedrohlich. Im Patriarchat wurde und wird diese Kraft zu unterdrücken versucht.

Abrakadabra,
Simsalabim,
Hokuspokus Fidibus,
drei Mal schwarzer Kater

Wir alle haben magische Zauberkräfte. Du hast im Kapitel 21.1. schon einen Wunderzauber kennengelernt. Frag dein inneres Kind, es kennt sich mit dem Zaubern besonders gut aus. Ich möchte mit dir diese inneren Kraftquellen anzapfen, um dein Selbstmitgefühl zu stärken. Wir nutzen den Begriff »zaubern« immer dann in der Alltagssprache, wenn wir etwas Außergewöhnliches beschreiben wollen, das wir als magisch empfinden. »Sie hat mich verzaubert«, »es ist zauberhaft«, »er hat ein wunderbares Essen gezaubert«. Ich möchte mit dir deine inneren Kraftquellen aktivieren. Wie findest du Zugang zu deinem schöpferischen Teil?
Wenn wir uns mit unserem wahren Kern verbinden, dann kommt die Schöpferin auf den Plan. Jenseits von Rollenbildern und Erwartungen verhilft uns die Schöpferin unsere wahre Identität zu leben. Wir fühlen uns als Teil des schöpferischen Universums. Das Universum schafft künstlerisch. Um mit ihm in Kontakt zu gehen, dürfen wir kreativ sein. Die Schöpferin stellt diesen Zugang her. Mit ihr fühlen wir uns als Teil der Schöpfung. Die Schöpferin sieht die Wahrheit und schafft Klarheit.

Die Schöpferin

Alles in unserem dualen Weltensystem hat auch eine Schattenseite. »Wenn der Archetyp des Schöpfers in unserem Leben aktiv ist, schwanken wir oft zwischen Jubel und lähmender Angst«, schreibt Pearson.[157]
In meiner Gruppe für Frauen in schwierigen Lebenssituationen haben wir mit unserer inneren Schöpferin gearbeitet. In Abb. 26 kannst du meine Arbeit dazu wiederfinden. Der Auftrag an uns lautete, dass wir nur mit einer, maximal zwei Farben malen. Ich wusste sofort, welche Farbe ich nehmen wollte, hatte aber noch kein Bild dazu im Kopf. Ich begann mit den Haaren und war überrascht, dass sich mir nach und nach eine Meerjungfrau offenbarte. Wenn ich mit einer Gruppe arbeite, dann fühlen wir uns wechselseitig in die Bilder ein und teilen mit, welche Assoziationen kommen, welche Gefühle, Gedanken, Sätze.
»Revolution, sie singt unter Wasser, Medusa, sie kann in alle Richtungen gehen, Nacktheit, Verletzlichkeit, unten weich und zart, oben kraftvoll und stark, Schutzamulett, sing dein Lied, ins Leben schreien«, waren einige Gedanken der Gruppenteilnehmerinnen zum Bild (Abb. 26). Sing dein Lied, ich dachte an die Hymne meiner Jugend, ein Lied von Nina Hagen, »Fisch im Wasser«.

Sie will ein Fisch im Wasser sein
Im flaschengrünen, tiefen See
Sie will mit Wasser sich besaufen
Und paar Blasen blubbern lassen
Was sie dann will
Das ist mit Neptun schweigen
Und in Ruhe tun, was sie sonst nie tut
Was sie sonst nicht kann und soll

Auszug Songtext Nina Hagen: »Fisch im Wasser«, 1978

Diese Freude, das Nichtstun und das »In Ruhe tun was ich will« haben mich sehr angesprochen. Es war eine wichtige Botschaft für mich. Viele von uns sind auf Leistung und Aktivität getrimmt worden. Gerade das Ausruhen und Nichtstun fällt vielen Menschen schwer.

---

157 Pearson, (2019, S. 279).

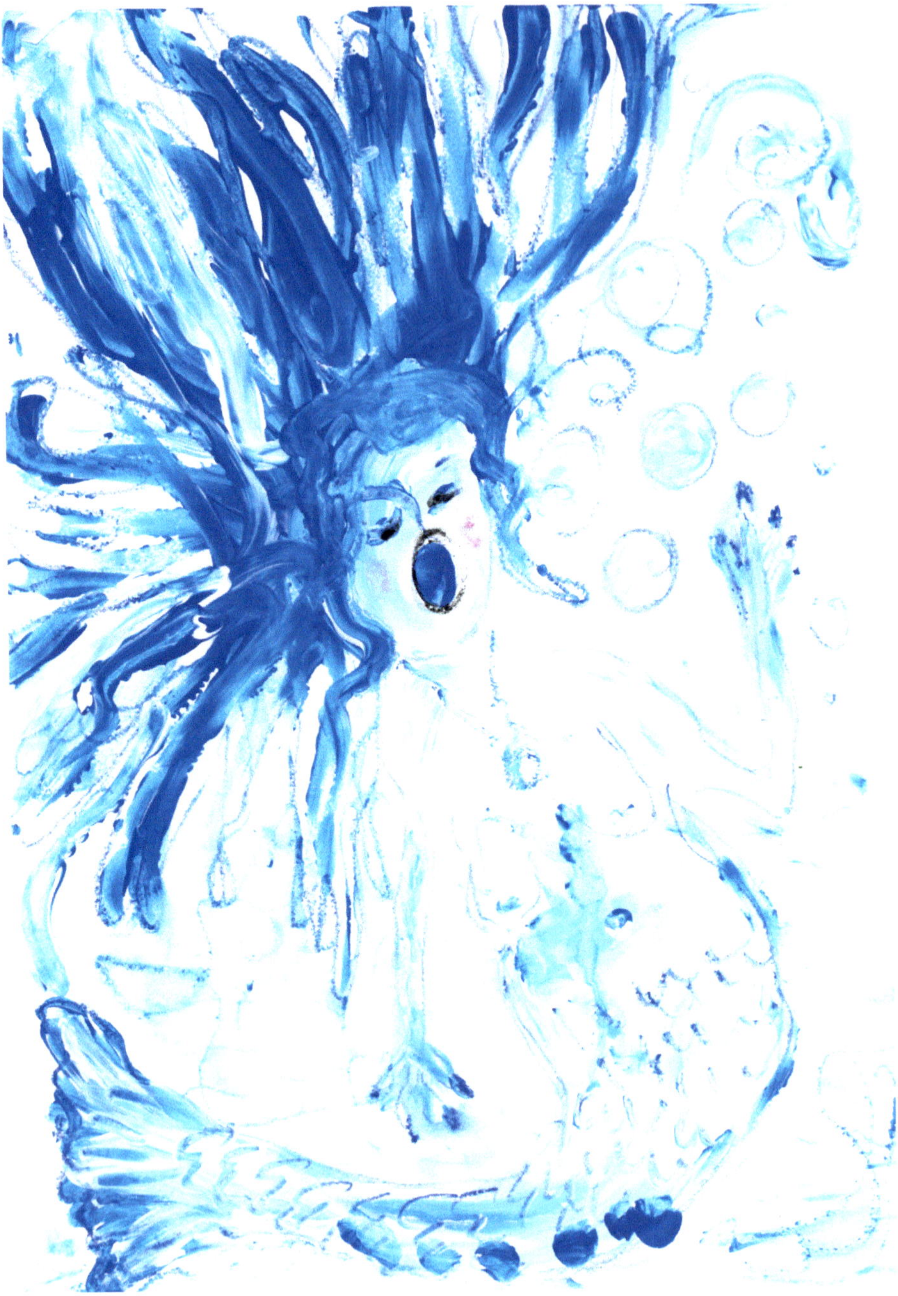

Abb. 26 Die Schöpferin – Ulrike Hinrichs

Seelengymnastik
Die Schöpferin

Gestalte deine innere Schöpferin. Sie ist frei und kreativ, wahrhaftig und wild. Wenn du magst, dann wähle nur eine, maximal zwei Farben, mit denen du arbeitest. Was will entstehen? Wenn du noch keine Idee hast, dann fange mit irgendeinem kleinen Detail an. Der Rest entwickelt sich von selbst.

Frage deine Schöpferin:

- Wie sehr darf sich meine Schöpferin in meinem Leben ausdrücken?
- Wie steht es um meine Kreativität?
- Nehme ich schöpferisch aktiv am Leben teil?
- Was möchte sich entfalten?
- Welche Impulse hat das Leben mir aktuell schon geschickt?
- Was will erschaffen werden?
- Was will in die Welt?
- Wann und wo kann ich die Augen schließen?
- Wo soll ich dran bleiben?
- Wofür brenne ich?
- Was macht mir Angst?
- Wo stecke ich fest?
- Was in meinem Leben ist starr geworden?

Abb. 27 Die innere Magierin – Bild einer Klientin

Die Magierin

Die Macht des Magiers besteht darin, die Realität zu wandeln, indem er das Bewusstsein verändert.

Carlos Pearson[158]

Zauberern und Magierinnen sprechen wir übernatürliche Kräfte zu. Sie verzaubern uns. Sie machen etwas, das wie ein Wunder erscheint, weil es mit herkömmlichen Erklärungsmustern nicht zu begründen ist.[159] Es bringt die Alltagsrealität durcheinander. Wenn wir zaubern, dann ist alles möglich. Überraschungen sind vorprogrammiert. Wir öffnen uns für die Magie des Lebens. Nicht nur Kinder lieben Zauberkünste. Auch Erwachsene begeistern sich für die großen Shows, in denen Magier das Publikum mit verblüffenden Effekten verzaubern. Wir wollen staunen, wie wir es einst als Kinder taten, als uns die alltäglichen Wunder um uns herum noch berührt haben. »Wenn der Magier in unserem Bewusstsein dominiert, geben Träume, Fantasien oder Augenblicke intuitiver Einsicht uns oft Vorahnungen auf zukünftige Ereignisse in unserem Leben«, so Pearson.[160] Der Magier oder die Magierin kann die Realität verwandeln. Fühle selbst nach, welche Energie es für dich ist, männlich oder weiblich. Die Magierin lebt außerhalb der Zeit. Die lineare Zeit spielt für sie keine Rolle. Die Magierin setzt auf Synchronizitäten, Ereignisse, die zwar nicht kausal zusammenhängen und doch einen Sinn ergeben. Die Magierin lädt dich ein, die Welt mit der Unschuld eines Kindes zu sehen. Die Magierin liebt Tagträumen, Fantasiereisen, Beten, Rituale, Zeremonien, die Nacht, Meditation und Trance.

Sei vernünftig, halte Wunder für möglich.

158 Pearson (2019, S. 319).
159 Siehe auch Kapitel 21.1., Seelengymnastik »Abrakadabra«.
160 Pearson (2019, S. 326).

Seelengymnastik
Die Magierin

Wie sieht deine innere Magierin aus? Oder ist es ein Magier? Spüre selbst, ob es für dich eine männliche oder weibliche Energie ist. Gestalte ein Bild dazu. Wenn du magst, dann male mit Fingerfarben, wie es auch eine Klientin in dem Bild in Abb. 27 gemacht hat. Es macht einen Unterschied, wenn man direkt die Farbe berührt und auf den Untergrund schmiert. Es ist magisch. Probiere es aus.

Frage deinen Magier, deine Magierin:

- Lasse ich radikal zu, dass äußerlich das Notwendige passiert?
- Wie finde ich die Antworten auf die Geheimnisse des Lebens?
- Wie kann ich die Realität zu meinen Gunsten verwandeln?
- Habe ich Träume und Visionen?
- Stehe ich mit den Füßen auf dem Boden und bin für Impulse offen?
- Welcher Plan kreist in meinem Kopf und drängt auf Umsetzung?
- Worin liegt meine Bestimmung?
- Wann habe ich zuletzt die Magie im Alltäglichen wahrgenommen?
- Kenne ich meine wahre Kraft?
- Fühle ich mich machtvoll?
- Bin ich mir meiner Macht bewusst?
- Lasse ich mich von der Macht der anderen beeindrucken?
- Was ist mir heilig?
- Wer oder was hat mich verzaubert?
- Wen oder was will ich verzaubern?
- Was will ich wirklich?
- Was möchte ich erschaffen?
- Gebrauche ich meine Fähigkeiten bewusst und glaube an sie?
- Unterschätze ich meine Werkzeuge?
- Habe ich den Mut für einen Neuanfang?

»Ein Zauberer kommt nie zu spät, Frodo Beutlin, ebenso wenig zu früh. Er trifft genau dann ein, wenn er es beabsichtigt.«

Gandalf
Der Herr der Ringe

Die wilde Frau

Ich möchte mit dir einen weiteren schöpferischen Anteil erwecken. Die wilde Frau erinnert dich an das Wesen deiner Authentizität und Freiheit. Sie setzt sich radikal für dich ein. Die wilde Frau spiegelt dir jene Essenz, die dich in deinem Kern beschreibt. Sie fragt danach:

- Warum bist du hier?
- Wer und was bist du wirklich?
- Was ist dein ganz spezieller Duft?
- Welchem höheren Sinn darfst du dienen?
- Was ist deine wahre Natur?
- Wie lautet dein Credo?
- Was ist deine Wahrheit?
- Bist du bereit, das zu sein, was du bist?
- Bist du bereit, das Leben zu leben, das du verdient hast?
- Wer willst du sein?
- Was nährt deine Seele?
- Kannst du dir das Leben vorstellen, das du dir wirklich wünschst, ohne dich zu begrenzen und einzuschränken?

Wenn du es erträumen kannst, kannst du es erschaffen.

Diese Fragen sind nicht leicht zu beantworten. Sie liegen als Schätze hinter unseren Wunden und Schattenseiten verborgen. Ich habe Jahre gebraucht, um eine einigermaßen plausible innere Antwort darauf zu bekommen. Was ist deine Wahrheit? Es geht um *die Wahrheit*, die das Wesen der Dinge beschreibt. Und es gibt *eine Wahrheit*, die sich aus der Erziehung, den Erwartungen, dem Zeitgeist, der Kultur, der Wissenschaft oder dem Wertekodex der Gemeinschaft ergibt. Ich spreche hier von der authentischen inneren Wahrheit, bei der es um DICH geht. Ich habe es als Kind selbst erlebt, wie meine Bedürfnisse, Gefühle und meine Wahrheit mundtot gemacht wurden. Mir wurde beigebracht, dass das, was ich fühle, falsch ist. Lange habe ich mich sehr schwer damit getan, überhaupt etwas zu sagen, meine Wahrheit auszusprechen. Ich konnte nicht sagen, wofür mein Herz schlägt. Ich konnte es nicht einmal fühlen, weil ich von meiner Wahrheit abgeschnitten war. Ich bin den Weg gegangen, den man mir vorgeschrieben hat.

Die Antworten auf die eingangs gestellten Fragen lassen sich vielleicht bis zu unserem Tod Zeit. Zeit aber spielt keine Rolle, wichtig ist allein, dass du dir diese Frage stellst, auch ohne sie beantworten zu können. Die Antwort kommt zu dir. Vertraue auf die Fluidität des Lebens.

Streik zu meinen Gunsten

Unsere innere wilde Frau lässt sich nicht domestizieren. Lange wurde die machtvolle, dunkle Seite des Weiblichen kollektiv unterdrückt. Erwünscht waren und sind schöne brave Frauen. Die wilde Frau gilt als gefürchtet und abstoßend. Sie ist »in den Mysterien der großen und fürchterlichen Mutter« zu finden.[161] In vielen Märchen wie in »Hänsel und Gretel« der Gebrüder Grimm begegnet uns die wilde Frau als Hexe, als unheilbringende Schwarzmagierin.[162] Wer ihr in den Weg kommt, wird verhext oder getötet. Die Hexe ist Verbündete des Teufels. Meist hat sie die Gestalt einer buckligen und hässlichen alten Frau mit langer, krummer Nase, die mit ihrem Zaubertrank anderen Schaden zufügt. Im Mittelalter wurden Hexen verfolgt und ermordet. Wie in allen patriarchalen Kulturen wurde die Hexe mit negativen Deutungen des Weiblichen abgewertet. Doch der Urgrund der Hexe ist ein anderer. Sie steht für die weiblichen archaischen Urkräfte. Der Ursprung des Wortes bedeutet »heilige Frau« oder auch »Hebamme«. Sie ist die Schamanin. Die Hexe hat Zugang zum weiblichen Urwissen. Sie kennt die weisen Wege der Natur, der Heilung, der

161 Ronneberg (2017, S. 702).

162 Siehe ausführlich in meinen Büchern »Die Weisheit der weiblichen Wunde« (mit Andrea Wandel) und »Krankheit als Bild«.

Weissagung, der Künste und Traditionen.[163] In ihrem Hexenkessel braut sie heilende Kräutermixturen. Sie ist mit dem Tod und der Vergangenheit ebenso verbunden wie mit der Zukunft und den großen Geheimnissen des Universums. In Mythen bewohnt sie den undurchdringlichen Teil des Waldes, heißt es, jene Orte, die dem Schattenbereich zugeordnet werden. Die Hexe lebt die Urkräfte des Weiblichen bedingungslos aus. Wie in vielen symbolischen Motiven wird nur der abschreckende Anteil einer Figur dargestellt. Die Kraft der Hexe versetzt uns in unsere wahre Natur, bricht Stillstand, setzt Dinge in Bewegung, ist Matrix schicksalhafter Transformationen.[164] Sie fordert dich auf kreativ, spielerisch und grenzenlos zu sein.

Die schwarze Göttin

Es gibt zahlreiche Göttinnen, die ebenfalls diese dunkle Hexenkraft ausdrücken. Die schwarze Göttin kommt aus der Dunkelheit. Sie taucht auf als schwarze Madonna, griechische Göttin Hekate, die russische Göttin Baba Jaga oder die hinduistische Göttin Kali, um nur einige Beispiele zu nennen. Sie alle repräsentieren die archaische, nicht domestizierte weibliche Kraft. Kali beispielsweise wird mit weit aufgerissenem Mund und herausgestreckter Zunge gezeigt. Ihr Haar ist lang und wild. Ihr dürstet nach Blut, heißt es. Eine Kette mit Totenköpfen liegt ihr um den Hals. Kempton bezeichnet sie als Göttin der Revolution.[165] Sie erhebt die Stimme. Sie ist die Herrscherin und Wächterin der weiblichen Geheimnisse von Geburt, Leben und Tod. Kali steht für Wut und Zerstörung, gleichzeitig für Transformation, Heilung und Erneuerung.
Neu entdeckt unter den dunklen Göttinnen habe ich *Baba Jaga*, die mir in einem meiner Bilder erschienen ist (siehe Abb. 28, S. 256). Wie das, fragst du dich vielleicht? Eine Teilnehmerin meiner Gruppe assoziierte mit meinem Bild Baba Jaga. Ich recherchierte zu der Figur und war erstaunt, dass mir wieder eine solche dunkle Göttin erschienen ist, wie ich sie schon als Kali und Medusa kannte. Mehr dazu findest du in unserem Buch »Die Weisheit der weiblichen Wunde« (mit Andrea Wandel).

---

163 Walker, Barbara G. (1988, S. 347).
164 Ronneberg, Ami (2017, S. 702).
165 Kempton (2013, S. 116).

Baba Jaga ist heute besser bekannt als eine Hexe aus der slawischen Mythologie, die in vielen russischen Märchen auftaucht. *Baba* meint in den slawischen Sprachen *Großmutter* oder auch *alte Frau*. Weibliche Dämonen werden oft als Baba bezeichnet. In der Antike wurde Baba nicht nur als Bezeichnung für eine alte Frau, sondern auch für die Muttergöttin oder Mutter Erde verwendet. Wir kennen diese Transformation ins Böse von vielen Götterfiguren wie Kali oder Medusa, wie ich schon erwähnt habe. Auch Baba Jaga war ursprünglich keine Hexe, sondern eine Göttin des Todes und der Wiedergeburt. Die höchste weibliche Gottheit wurde unter dem Einfluss des Christentums aus dem Bewusstsein der Slawen verbannt, der göttliche Aspekt der Figur geleugnet und aus ihr eine böse Hexe gemacht. Die Baba Jaga trägt den Beinamen *Kostjanaja Noga (»Knochenbein«),* was ebenfalls ein Hinweis auf ihren mythologischen Ursprung als Totengöttin ist.
Wir haben Angst vor dieser machtvollen, zerstörerischen dunklen Seite, die auch in dem Kinderlied »Die böse Hexe Baba Jaga« zum Ausdruck kommt. Sie ist gefährlich und gewalttätig, undurchschaubar und unkalkulierbar. Schon Kinder sollen sie fürchten lernen, so die Botschaft des Kinderliedes. Es ist aber die dunkle Seite, auf die der Schatten des Lichts fällt, das Licht der Erkenntnis und der Schatten des Zweifels. Die Dunkelheit ist die Geburtsstätte des Lichts. Die schwarze Göttin ist damit auch eine Lichtbringerin. Sie repräsentiert das Ursprüngliche, die Unordnung, das Chaos. Sie holt die Angst auf die Bühne, um sie zu überwinden. Übrigens sind diese Kräfte nicht geschlechtsspezifisch (siehe Kapitel 6.). Du kannst auch als Mann die wilde weibliche Kraft entwickeln.

Abb. 28 Baba Jaga – Ulrike Hinrichs

Die böse Hexe Baba Yaga

Baba Yaga, Baba Yaga,
Hühnerbeinehexenhaus!
Tief im Walde bei den Birken
schaut die Hex' zum Fenster raus

1. Wehe, wehe, wenn du einmal
einsam dich im Wald verirrst!
Baba Yaga lugt und lauert,
bis du dann ihr Opfer wirst.
Baba Yaga, Baba Yaga, ...

2. Lockend steht auf Hühnerbeinen
eine Hütte weich im Moos.
»Sei willkommen, liebes Menschlein,
ruh' dich aus in meinem Schoß!«
Baba Yaga, Baba Yaga, ...

3. Doch, wenn du den süßen Tönen
folgst hinein bis in das Haus,
packt dich Hexe Baba Yaga!
Welch ein Jammer, welch ein Graus!
Baba Yaga, Baba Yaga, ...

Kinderlied
Songtext Wilfried Behrendt

Seelengymnastik
Die wilde Frau

Vielleicht steht in deinem Leben gerade eine große oder eine Mini-Revolution an. Ich möchte mit dir im künstlerischen Prozess ein Symbol für deine wilde und ungezähmte weibliche Kraft finden. Ist es eine schwarze Göttin, eine Hexe, eine ganz andere Figur? Mir geht es um das Weibliche, welches über patriarchale Stereotype von Schönheit und Sex-Appeal weit hinausgeht. Zeig deine wollüstige, machtvolle, dunkle weibliche Seite. Wie sieht deine schwarze Göttin aus?

Fragen an deine innere Wildheit:

- Welche Weiberkräfte habe ich?
- Was verzaubert mich?
- Welche Urkräfte unterdrücke ich?
- Was muss in meinem Leben ausbalanciert, neu ausgerichtet werden?
- Was soll Fahrt aufnehmen?
- Was möchte ich nicht mehr?
- Was möchte ich dem Feuer übergeben, vernichten, töten?
- Wovon brauche ich mehr, wovon weniger?
- Wem oder was möchte ich meine heilenden Kräfte zukommen lassen?
- Mit welchen Menschen und Wesen möchte ich mich umgeben?
- In welcher Umgebung und mit welchen Menschen, Lebewesen möchte ich leben?
- Welcher Berufung, welchen Talenten möchte ich nachgehen?
- Welche Leidenschaften müssen unbedingt gelebt werden?
- Wie stehe ich zur Natur, den Lebewesen, der Mutter Erde?
- Wie kann ich in meinem Alltag wild, grenzenlos und bedingungslos sein?
- Wie kann ich mehr meine weibliche Kraft leben?
- Wie wäre es, nur das zu tun, was ich will, mich gegen das wehren, was ich nicht will?

- Was will gelebt werden, egal was andere dazu sagen?
- Wem will/muss ich gefallen? Muss ich?
- Wo kann ich weniger Leistung und dafür mehr Liebe ins Leben bringen?
- Wo brauche ich weniger äußere und mehr innere Beweglichkeit?

An diesen Merkmalen erkennst du die geheilte weibliche Kraft:

- **Selbstermächtigung:** fühlt sich sicher in ihrer Kraft und hat nicht das Bedürfnis, andere zu dominieren. Agiert durchsetzungsstark, aber nicht aggressiv.
- **Nähren:** kann andere versorgen und nähren, ohne zu kontrollieren oder zu ersticken.
- **Empfangen:** kann Hilfe, Unterstützung und Liebe annehmen, ohne sich schwach und verletzlich zu fühlen.
- **Intuition:** traut ihrer inneren Stimme und nutzt sie, um Entscheidungen zu treffen, die der inneren Wahrheit entsprechen.
- **Verbindung:** fühlt sich mit anderen, Mutter Erde, der Welt, dem Universum verbunden.
- **Emotionale Balance:** ist mit ihren Gefühlen in Kontakt, wird von ihnen aber nicht überflutet.
- **Grenzen:** respektiert eigene und die Grenzen anderer und kann Grenzen setzen.
- **Mitgefühl:** kann sich einfühlen und mitfühlen, ohne sich dabei selbst aufzugeben.
- **Authentizität:** spricht ihre Wahrheit aus.

Abb. 29 Der Narr – Bild einer Klientin

Der Narr

Der Narr ist der Anfang, der Start in ein neues Abenteuer. Darf dein innerer Narr dich auf das Abenteuer zu dir selbst begleiten? An den Ursprüngen des Seins steht der Narr für Freiheit und die Möglichkeiten des Unmöglichen. Um deine Selbstliebe und dein Selbstmitgefühl zu stärken, erwecke den Narren in dir. Mit ihm kannst du Grenzen überwinden, Mauern sprengen und alte Glaubenssätze über Bord werfen. Der Narr ist eine Figur, die uns aus allen Kulturen bekannt ist. Insbesondere vom 16. bis 18. Jahrhundert hielten sich Könige und Königinnen eigene Hofnarren, die sie unterhielten. Hofnarren hatten die Freiheit, auch solche Dinge zu sagen, für die andere geköpft wurden. Sie standen außerhalb der Regeln. Es gibt zahlreiche Geschichten über Narren. Hierzulande kennen wir Till Eulenspiegel, der den Menschen neckisch den Spiegel vorhält. Nasreddîn Hoca, der Eulenspiegel aus Anatolien, ist als Volksweiser in der arabischen Welt bekannt. In allen Ländern gibt es solche großen Geschichten, die wie kulturelle Gene von Generation zu Generation vererbt werden. Im Tarot steht der Narr am Anfang der Reise unserer Entwicklung. In Spielkarten ist es der Joker, dort wird er als die »wilde Karte« eingesetzt, als Glückskarte. Der Narr ist geschützt durch seine Unschuld, schreitet intuitiv und instinktiv voran. Zu viel Nachdenken und Analysieren ist nichts für ihn. Der Narr ist der Springer zwischen den Welten, Regeln interessieren ihn nicht. Er wandert sorglos durch die Leichtigkeit des Seins. Der Narr zeichnet sich durch Kompetenz und Flexibilität im Umgang mit Überraschungen aus.
Die Klientin aus meiner Gruppe Frauenbilder war sehr überrascht über ihre Närrin (Abb. 29), die sich als eine *Matriarchin* oder Königin mit Flausen im Kopf präsentiert. In der Einleitung zu Kapitel 2. (S. 18) kannst du noch ein ganz besonderes Narrenbild aus unserer Gruppe bestaunen.

Vertrau auf das, was du nicht weißt.
Gehe in die dir unbekannte Welt,
so wie es der Narr macht.

Seelengymnastik
Der Narr

Wie sieht dein Narr, deine Närrin aus? Dein Narr hat Narrenfreiheit. Es ist der Anteil in dir, der machen möchte, was er will, ohne Regeln, Vorschriften und Konventionen zu beachten. Der Narr liebt Überraschungen und das Chaos. Der Narr liebt das Leben. Nimm dir ein Blatt Papier und male wild und frei deinen Narren.

Fragen an den Narren könnten lauten:

- Wie sieht mein Narr aus?
- Welche Eigenschaften hat er?
- Welche Überraschungen hält er für mich bereit?
- Was für eine Botschaft schickt er mir?
- Welche Möglichkeiten zeichnet er mir auf?
- Welche Grenzen möchte er für mich sprengen?
- Welche Mauern will er mit mir überwinden?
- Welche Regeln will er brechen?
- Welche Berge erklimmen?
- Wo will er mir mehr Narrenfreiheit schenken?
- Wo sollte ich mal etwas völlig Unvernünftiges tun?
- Welchem Duft in seiner Nase will er folgen?
- Was steckt aus seiner Sicht »dahinter« (dem Problem, der Trauer, der Angst, dem Anliegen, dem Thema)?
- In welchem größeren Kontext sieht er mein Thema/Problem?

Das magische Kind

»Jede Interaktion im Leben gibt uns eine Gelegenheit zu spirituellem Wachstum. In einem Universum, das lebendig, weise und mitfühlend ist, können wir alle diese Gelegenheiten nutzen, um authentische Kraft zu sammeln und unsere Persönlichkeit mit unserer Seele in Einklang zu bringen.«

Dr. med. Eben Alexander[166]

Warum ist das wichtig?
Macht mich das glücklich?

Wenn jemand deine Unterstützung braucht, Liebe, Mitgefühl und Wärme, dann ist das dein inneres Kind. Das innere Kind steht für deine Prägungen aus der Kindheit. Oft verbinden wir es nur mit der problembelasteten Seite. Das verletzte innere Kind trägt unsere negativen Erfahrungen, Glaubenssätze mit sich herum. Auch belastende Gefühle wie unverarbeitete Trauer oder Wut zeigen sich durch das innere Kind. Das verletzte Kind sucht zeitlebens nach Heilung, Nestwärme und Liebe. Die Bestsellerautorin und Psychologin Stefanie Stahl nennt es das Schattenkind. Dein inneres Kind hat einige Krisen bewältigt. Du kannst deinem inneren Kind heute eine liebevolle Heimat geben. Ohne seine Kraft, sein Durchhaltevermögen und seinen Mut wärst du sicher ein anderer Mensch. Wenn schmerzhafte Bilder aus deiner Kindheit auftauchen, Gefühle der Verzweiflung, Angst, Wut, tröste dein verletztes Kind. Sag ihm, dass du da bist und frag es, was es braucht! Du kannst deinem verletzten Kind die Liebe geben, die dir gefehlt hat. Das ist pures Selbstmitgefühl. Und manchmal braucht es ganz viel davon. Erst kürzlich beschwerte sich eine Klientin bei mir über ihr inneres Kind: »ich frag mein inneres Kind doch schon ganz oft, was es will«. Es schwang in ihrer Stimme die frustrierte Botschaft mit: »Aber irgendwann reicht es dann doch auch mal«. Selbstmitgefühl bedeutet nicht, dass das Fass irgendwann voll ist. Das Kind bestimmt, was es wann braucht. Wenn es noch mehr Trost braucht, dann sollten wir ihm noch mehr Aufmerksamkeit schenken. Gehe mit deinem Kind nicht so um, wie du es als Kind erfahren hast.
Jenseits aller psychischen Verwundungen aus der Kindheit gibt es auch eine

166 Alexander (2017, S. 222).

Abb. 30 Selbstporträt – Ulrike Hinrichs, 1971

helle kindliche Seite in uns, die kreativ, verspielt, neugierig, spontan und voller Tatendrang ist. Wir können diese Seite als Gegenspieler zum verletzten Kind das magische Kind nennen. Es ist das ursprüngliche Kind, so wie es in diese Welt geboren wird. Es tut von Natur aus Dinge einfach nur so, weil sie Spaß machen, nicht um einen Zweck zu erfüllen. Es lebt im Augenblick und erkennt die Kostbarkeit, die in jedem einzelnen Moment liegt. Es lebt ganz selbstverständlich den Satz, den der spirituelle Großmeister Eckhart Tolle erwachsenen Menschen mühsam wieder beibringen will: »Deine primäre Bestimmung ist es, hier zu sein. Bei allem, was du tust, damit die Kostbarkeit des jetzigen Moments nicht reduziert wird zu einem Mittel zum Zweck.«[167]

Kinder haben einen besonderen Zugang zur Magie des Lebens. Für sie ist die Welt faszinierend und bunt. Ist es nicht tragisch, dass wir als Kinder fest davon überzeugt sind, alles sei möglich, um dann im Erwachsenenalter diesen unerschütterlichen Glauben immer mehr zu verlieren? Mit deinem magischen Kind bleibt der Zauber in deinem Leben lebendig. Das magische Kind in uns ist neugierig, will die Welt entdecken und erforschen, hat einen wachen Geist. Du kannst von deinem magischen Kind lernen, einen verspielteren Blick auf die Welt zu bekommen, offen für das Unerwartete zu sein, Chancen zu nutzen, Gefühle zu leben. Mit deinem magischen inneren Kind hast du einen Verbündeten für mehr Spontaneität, Kreativität und Mut.

Dein magisches Kind mag Konfetti, Seifenblasen und auf Bäume klettern.

Wenn du dein magisches Kind erwecken möchtest, dann helfen dir diese Fragen:

- Was hat dich wirklich glücklich gemacht als Kind?
- Was war dein größter Herzenswunsch?
- Was hast du am liebsten gemacht?
- Mit wem warst du gern zusammen?
- Hattest du ein Hobby?
- Was war dein Lieblingsbuch?
- Wer war dein Held, deine Heldin der Kindheit?
- Welche Musik hast du geliebt?
- Welche Zauberkraft hättest du als Kind gern gehabt?

---

167 Tolle in Happinez (2/2023, S. 18).

- Was hat dich besonderes interessiert?
- Gibt es etwas, dass du schon immer gern gemacht hättest?
- Wer war als Kind dein Lieblingsmensch?
- Hattest du eine Art Mentor, der für dich da war und dich unterstützt hat?
- Bei wem hast du dich sicher gefühlt (das kann auch jemand außerhalb der Familie sein)?
- Hattest du einen Rückzugsort oder sogar ein geheimes Versteck?
- Hattest du einen Ort in der Natur, an dem du besonders gern warst?
- Gab es einen Menschen, der dich bedingungslos geliebt hat? Wenn nein, hattest du vielleicht ein Haustier, das dir seine Liebe geschenkt hat?

In Abb. 30 ist ein Selbstporträt von mir aus dem Jahre 1971 abgebildet, ich war gerade 5 Jahre alt. So könnte mein magisches Kind aussehen. Typisch für Kinderzeichnungen in diesem Alter sind die Strahlenfinger. Für mich sehen sie aus, als könnte das magische Kind damit die Welt elektrisieren. Schon damals habe ich sehr gerne gemalt. Auch heute macht es mich glücklich, wenn ich gestalten und kreativ sein kann. Mein inneres Kind ist neugierig, liebt Glitzer, Einhörner und Magie.

Magie ist ein inhärenter Teil unserer Seele,
der darauf wartet, wieder geweckt zu werden.

Seelengymnastik
Das magische Kind

Wenn du deinem inneren magischen Kind eine Form geben würdest, wie würde es aussehen? Hat es irgendetwas bei sich? Wo hält es sich gerade auf? Was mag es besonders gern? Was möchte es gerade machen? Sagt es etwas? Spielt es gerade? Hört oder macht es Musik? Was ist seine Lieblingsbeschäftigung? Was mag es gar nicht? Was will es dir zeigen? Was wünscht es sich von dir? Wie kannst du dein Leben mit Glitzer füllen? Nimm ein Blatt Papier und male dein magisches Kind.

Fragen an das magische Kind:

- Welche Botschaft hat mein magisches Kind?
- Wenn es mir einen Satz sagen könnte, welcher wäre es?
- Was wünscht es sich mit mir zu tun?
- Was will es nicht mehr machen?
- Wie kann ich es in mein Leben integrieren?

Die Heilung der Welt
würde mit der Heilung unseres inneren Kindes beginnen,
das, wenn überhaupt, nur selten zum Spielen herauskommt.

Vince Gowmon

Abb. 31 Sandbild – Welchen Samen willst du säen?

»Selbst in Gefangenschaft erzählen Pintupi-Mütter wie alle guten Mütter auf der ganzen Welt ihren Kindern Geschichten über die Entstehung der Tiere (…)
Und so wie Kipling seine Just-So-Stories mit eigenen Federzeichnungen illustrierte, so malt die Aborigine-Mutter Zeichnungen in den Sand, um die Wanderung der Traumzeit-Heroen zu illustrieren.«

Aus dem Roman »Traumpfade« von Bruce Chatwin[168]

---

168 Chatwin (1987, S. 34).

22. Die nährende Mutter Erde

Sind wir das Gehirn der Erde? Jean Houston, Expertin für Potenzialentfaltung, beschreibt die Menschheit als das sensorische System von Mutter Erde, als das Organ, das Bewusstsein besitzt. Der 2022 verstorbene Wissenschaftler Lovelock, Autor des Buchs *Das Gaia-Prinzip*, bezeichnet die Erde als ein lebendiges, sich selbst regulierendes System. Wir sind Teil des Planeten, so viel ist gewiss.

»Wenn man die Erde verwundet, verwundet man sich selbst«

Bruce Chatwin Roman »Traumpfade«[169]

Hast du Mitgefühl mit dir selbst, dann hast du Mitgefühl für alle Lebewesen und den ganzen Planeten. Indigene Kulturen verehren die Erde als ihre Mutter. Die Erde spiegelt das nährende und empfangende Prinzip. »Ihre Kraft liegt darin, zu empfangen und zu bedecken. Die Blätter des Sommers werden wieder Teil der Erdkrume und die Körper der Vorfahren gehen wieder in die Ökosphäre ein und vereinigen sich mit den Bäumen, den Wiesen und den Bergen. In den dunklen, feuchten Falten der Erde keimen die Samen. Alles Lebendige entspringt ihrem feuchten Schoß und labt sich an ihrem Überfluss«, so Alberto Villoldo.[170] Heilzeremonien finden mit den Elementen der Natur statt. Die älteste Form der uns bekannten Kunst sind Höhlenmalereien und Zeichnungen im Sand. Sand finden wir überall in der Natur, vom Meer bis zum Gebirge, angehäuft auf Dünen oder Korn an Korn in der flachen Wüste. In vielen Traditionen indigener Völker rund um die Welt ist die Praxis von Sandbildern bis heute essenzieller Bestandteil von Heilung. Sandbilder sind mehr als bloße Kunstwerke. Sie sind ein hochkomplexes, symbolgeladenes rituelles Medium. Indigene Kulturen nutzen Sandbilder zur Kommunikation, zum Geschichten erzählen, für Zeremonien und vor allem auch als Werkzeug für Heilungsprozesse. Auf Vanuatu im Südpazifik beispielsweise werden von den Ureinwohnern Sandzeichnungen erschaffen, die aus Mustern bestehen, welche mit dem Finger in den losen Sand gezeichnet werden. Diese Tradition der Sandzeichnungen wurde 2008

169 Chatwin (1987, S. 21).
170 Villoldo (2001, S. 198).

in die »Repräsentative Liste des immateriellen Kulturerbes der Menschheit« der UNESCO aufgenommen.[171] Auch die Chokwe, eine ethnische Gruppe aus dem südlichen Zentralafrika, sind bekannt für ihre geometrischen Sandzeichnungen. Mit den Bildern werden uralte Geschichten illustriert, die während des Erzählens gezeichnet werden. Auch im tibetischen Buddhismus gehören detailreiche Sandmandalas zur Kultur. Wir könnten unzählige weitere Beispiele finden. Ob die Aborigines in Australien, indigene Völker Südamerikas wie die Quechua und Navajo, die Tradition von Sandbildern ist weltumspannend. Die Bilder werden nicht als statische Objekte betrachtet, sondern als spirituelle Lebewesen und heilige Werkzeuge, die mit Respekt behandelt werden.

Die Flüsse fließen nicht an uns vorbei, sondern durch uns hindurch, mitreißend, prickelnd, vibrierend jede Faser und Zelle unserer Körpersubstanz, lässt sie gleiten und singen.

John Muir

Die äußere Natur spiegelt unsere innere Natur. Ein Spaziergang im Wald, am Meer, in den Bergen, am Ufer eines Flusses, im Park spiegelt dein Inneres auf sonderbare Weise. Du lässt dich berühren von den Jahreszeiten, vom Licht, der Sonne, dem Wind und Regen, den Stimmungen, den rhythmischen Bewegungen und wandelnden Naturbildern. Deine eigene Natur ist Teil der Gesamtnatur. Kontemplation braucht Ruhe, um dich in deiner Mitte einzurichten. Über ein Naturmandala wirst du Mitschöpfer*in im Kosmos. Sand- und Naturbilder können ein wirksamer Wegbereiter sein, festgefahrene Strukturen flexibel zu machen. Es ist für ein Naturbild daher auch nicht wichtig, ob du an die Tradition und den spirituellen Hintergrund solcher Bilder glaubst. Wichtig ist allein, dass du deine Perspektive erweiterst und dich traust, herkömmliche Pfade zu verlassen. Denn nur so bekommen wir eine neue Sicht auf die Dinge und erhalten bestenfalls neue Impulse. Wir können zum Instrument werden für das sich entfaltende Potenzial von allem, was bereits da ist.

171 UNESCO Culture Sector, Vanuatu sand drawings – intangible heritage, https://ich.unesco.org/en/RL/vanuatu-sand-drawings-00073, (27.03.2022).

- Was will sich entfalten?
- Welcher Keim wächst bereits?
- Welcher Impuls ist bereits da?
- Was will in die Welt?
- Wo sollst du dranbleiben?
- Wann und wo kannst du die Augen schließen?
- Welchen Samen willst du säen?
- Was muss gejätet werden?
- Was darf wachsen?
- Was muss gehen?

In Abb. 31 ist ein Beispiel eines Sandbildes einer Klientin zu finden, das sie zu den Fragen gelegt hat. Wie könnte dein Mandala in der Natur aussehen?

Seelengymnastik
Was willst du säen?

Naturbild Praxis – Schritt 1
Formuliere eine Absicht. Was wünschst du dir? Was soll sich bewegen? Was soll sich verändern? Was darf so bleiben, wie es ist? Wovon möchtest du mehr im Leben haben? Was wolltest du immer schon machen? Wie kann mich mein Selbstmitgefühl dabei unterstützen?
Das sind nur Impulse, suche dir deine eigenen Fragen. Bevor du dein Bild erstellst, gehe in die Natur und sammle Dinge, die dich zu deinem Thema ansprechen. Welche Elemente repräsentieren deine Wünsche? Was findet dich? Schau dich um. Muscheln, Steine, Zweige, Blätter, Federn, Blumen, Tannenzapfen, Früchte. Vertraue deiner Intuition. Du wirst von den Elementen angezogen, die symbolisch für das Thema sind. Während du die Dinge sammelst, kommen dir vielleicht schon Ideen und Gedanken. Die Fundstücke werden zu Symbolträgern. Wofür stehen deine gesammelten Dinge? Vielleicht hast du Gedanken dazu oder auch nicht. Beides ist genau richtig so.

Naturbild Praxis – Schritt 2
Gestalte dein Naturbild in einem Kreis. Am schönsten ist es, wenn man dafür in die Natur geht. Du kannst das Bild aber auch zu Hause auf einem großen Teller oder Tablett gestalten. Wie du den Kreis anlegst, bleibt dir überlassen. Du kannst ihn mit Ästen und Zweigen legen, in den Sand malen, ins Moos legen oder andere Dinge finden, mit denen du den Kreis ziehst. Platziere nun die Fundstücke im Innenraum des Kreises, sodass es sich für dich stimmig anfühlt. Vertraue deiner Intuition. Ein Naturbild ist eine stille Kontemplation, ein Weg hin zu deiner inneren Weisheit. Betrachte dein Naturbild und achte darauf, ob und welche Emotionen, Ideen und Einsichten in dir aufsteigen.

Naturbild Praxis – Schritt 3
Lass dein Naturbild einige Tage liegen. Gehe immer wieder zu deinem Bild, betrachte es. Wenn du den Impuls hast, etwas zu verändern, Dinge zu entfernen oder neu zu platzieren, folge ihm. Hat sich etwas in deinem Bild von allein verändert? Wenn dein Bauchgefühl dir sagt, *es ist jetzt genug*, dann sammelst du die Teile aus deinem Kreisbild wieder ein und übergibst sie der Natur. Du löst den Kreis auf. Daraus kannst du auch eine kleine Zeremonie machen. Überlege dir, wie und wo du die Naturteile zurückgeben möchtest. Du kannst dir dafür auch eines der Elemente überlegen: Sollen sie ins Wasser, in die Erde, ins Feuer, in die Luft?
Damit hast du deine Wünsche gesät, im metaphorischen Sinne die Samen gepflanzt.

Fragen an dich:

- Was hast du gelernt und erfahren?
- Welchen Titel gibst du deinem Bild in der Natur?
- Was ist die wichtigste Botschaft für dich?

23. Schade Schokolade Marmelade

Schade Schokolade Marmelade – Samera, Künstlergruppe für Geflüchtete

Praxis ist die höchstentwickelte Form von Theorie

Jeremy Narby[172]

Schade Schokolade Marmelade. Du bist am Ende des Buches angekommen. Jetzt geht es erst richtig los. Selbstmitgefühl ist ein Lebensprojekt, eine innere Haltung und eine dauerhafte Herausforderung. Was kannst du für dich tun, damit Selbstmitgefühl ein alltäglicher Bestandteil deines Lebens wird? Das Wichtigste ist, dass du jeden Tag deine selbstmitfühlende Seite wachkitzelst und auch nach Rückschlägen nicht aufgibst. Du wirst vermutlich immer mal wieder in alte Muster verfallen. Du wirst dich entgegen aller guten Vorsätze doch wieder beschimpfen, zu wenig loben, zu hart zu dir

172 Narby (2019, S. 47).

sein und nicht auf deine Bedürfnisse achten. Du wirst Schuldgefühle bekommen, weil eine Stimme in dir sagt, dass es egoistisch sei, sich nur um sich selbst zu kümmern. Und vielleicht wirst du dich sogar dafür verurteilen, dass du das mit dem Selbstmitgefühl aus deiner Sicht nicht gut genug umsetzt. Das ist völlig normal. Die alten Glaubenssätze kleben wie dicke Kletten in den Gehirnwindungen fest. Du brauchst Geduld, um dich davon zu lösen. Auch ich übe mich immer wieder neu im Selbstmitgefühl. Ich habe mitfühlende Phasen und zerstörerische Rückfälle. Ich verzweifle zwischendurch und starte wieder von vorn.

Viele von uns sind nicht mit einem gesunden Urvertrauen ausgestattet worden. Viele haben Gewalt und Vernachlässigung erfahren, sind abgewertet und bewertet worden, haben keine soziale und emotionale Verbundenheit erfahren und waren schon als Kinder völlig verängstigt und einsam. Uns prägt zeitlebens eine existenzielle Urangst. Das Schattenheer der Kritiker und Saboteure, das der Selbstfürsorge im Weg steht, ist bei schwer verletzten Seelen besonders hochgerüstet. Immer wieder wird von den destruktiven inneren Anteilen die Selbstfürsorge boykottiert. Sie schießen mit verbalen Kanonenkugeln auf dich. Mach dir das bewusst. Diese Stimmen wirst du nicht los, du kannst diesen Quälgeistern nur mit Mitgefühl und Nächstenliebe begegnen, wie dem schrulligen, neunmalklugen Onkel, der einfach zur Familie dazugehört. Alle rollen schon mit den Augen, wenn er kommt, aber man wird ihn nicht los.

Das Hören auf deine innere Wahrheit ist eine große Herausforderung angesichts des Lärms in der inneren und äußeren Welt. Du kannst deine fürsorglichen und liebevollen Stimmen verstärken. Sie sind deine Verbündeten auf dem Weg zu mehr Selbstmitgefühl. Lass sie laut werden, gib ihnen ein Mikrofon, eine Trommel oder eine Sirene. Damit können sie sich bemerkbar machen.

»Mitgefühl, sowohl als Balsam als auch als Erlösung, ist nicht auf das Individuum beschränkt. Wenn wir von einer gesünderen, weniger zerrissenen Welt träumen wollen, müssen wir uns die Heilkraft des Mitgefühls zunutze machen und es stärken«, so der Arzt Dr. med. Maté.[173] Mitgefühl für sich und andere aufzubringen, ist ein Tor zu einer wesentlichen Eigenschaft: nämlich Mut.[174] Denn wenn wir uns unserem Schmerz und unseren Schattenseiten zuwenden, dann müssen wir belastende Gefühle aushalten und

173 Maté (2023, S. 444).
174 So auch Maté (2023, S. 449).

annehmen können. Sie lassen sich nicht verdrängen und wegsperren. Wenn wir mit anderen Menschen, Lebewesen und der Welt mitfühlen, werden wir unweigerlich auch ihren Schmerz fühlen. Das braucht Mut. Du hast Mut.

Sei freundlich zu dir.

Hol deine leisen Stimmen auf die Bühne deines Lebens.

Lass sie laut werden, nötigenfalls sogar brüllen wie ein Löwe.

Sonne – Yona, 8 Jahre

**Ihr tragt die Sonne im Herzen
und lasst sie auch für andere strahlen.
Danke!**

Danksagung

Selbstmitgefühl ist für Menschen mit belastenden und traumatischen Lebenserfahrungen besonders wichtig. Selbstmitgefühl ist eine Haltung und Lebensaufgabe. In meinen Gruppen üben wir immer wieder die Praxis des Mitgefühls mit uns selbst. Wir lernen mit- und voneinander. Ohne meine Klientinnen und kunsttherapeutischen Praxisgruppen hätte ich dieses Buch nicht schreiben können. Ohne ihre Bilder würde mein Text verhallen.
Ich danke von ganzem Herzen Anna, Daniela, Manuela und Sabine. Eure berührenden Bilder und Geschichten haben das Buch erst möglich gemacht. Ihr seid meine Vorbilder und Mitschöpferinnen. Danke an Sonja für die liebevolle Postkarte zur Wut, die mich tief berührt hat. Ein besonderer Dank geht an die Künstlergruppe für Geflüchtete, das Kinderatelier und den kreativen Begegnungsraum für Hochbetagte. Die Zusammenarbeit mit euch ist für mich immer wieder motivierend und inspirierend. Ein herzliches Dankeschön möchte ich an den Künstler Thomas Timm verschenken. Sein wunderschöner und furchteinflößender Zyklop ist nicht nur im Buch zu bestaunen, sondern auch Teil unseres riesigen Monster-Gemeinschaftskunstprojektes.[175] Danke Hannah für »Maria badet in Selbstmitgefühl«. Das analoge Bild hängt als Appell in meinem Praxisraum. Das Coverbild von Yvonne Lautenschläger lässt mich vor Freude juchzen. Merci vielmals, Yvonne.

175 Unser Kartenset »love my monster« ist im Synergia Verlag erschienen und im Buchhandel erhältlich.

Literatur

Anderson, Lorraine; Diaz, Juliet (2022). Witchcraft. Frühlings Orakel. München: Irisina.

Alexander, Eben (2020). Tore ins unendliche Bewusstsein. München: Heyne.

Ayan, Steve (2022). »Sich zu überhöhen ist gesund«, in Spektrum der Wissenschaft, kompakt, Ausgabe 02.22, S. 21 ff.

Baer, Udo; Frick-Baer, Gabriele (2021). Das Abc der Gefühle. Weinheim: Beltz.

Baron-Reid, Colette (2018). Das Orakel der Krafttiere. 68 magische Karten mit Anleitungsbuch München: Knaur.

Bauer, Joachim (2006). Warum ich fühle, was du fühlst: Intuitive Kommunikation und das Geheimnis der Spiegelneurone. München: Heyne.

Boev, Pavel; Yufa, Alisa (2022). Masken aus aller Welt und ihre Geschichte. Düsseldorf: Karl Rauch Verlag.

Brach, Tara (2022). Lass den goldenen Buddha in dir strahlen: Weisheitsgeschichten für mehr Vertrauen und Selbstakzeptanz. München: O.W. Barth.

Becker, Jan (2016). Das Geheimnis der Intuition. Man spürt, was man nicht wissen kann. München/Berlin: Piper.

Blickhan, Daniela (2015). Positive Psychologie. Ein Handbuch für die Praxis. Paderborn: Junfermann Verlag.

Brahm, Ajahn (2004). Die Kuh, die weinte. Buddhistische Geschichten über den Weg zum Glück. München: Lotos.

Brown, Brené (2012). Verletzlichkeit macht stark. Kailash Verlag.

Chatwin, Bruce (1987). Traumpfade. Frankfurt am Main: Fischer.

Croissier, Gertrude R. (2006). Psychotherapie im Raum der Göttin. Weibliches Bewusstsein und Heilung. Schalksmühle: Fabrica Libri.

Csikszentmihalyi, Mihaly in: Szöllösi, Ingeborg (Hrsg.) (2010). Flow – der Weg zum Glück: Der Entdecker des Flow-Prinzips erklärt seine Lebensphilosophie. Freiburg im Breisgau: Herder spektrum Band 6067.

Dahlke, Ruediger (2010). Arbeitsbuch zur Mandala-Therapie. Darmstadt: Schirner Verlag.

Dahlke, Ruediger (2011). Die Kraft der vier Elemente. Erde, Feuer, Wasser, Luft. Amerang: Crotona.

Dahlke, Ruediger (2020). »Fürchtet euch nicht«. Lebensträume, Magazin für Gesundheit und Bewusstsein. Dezember 2020, S. 7.

Dahlke, Ruediger (2012), Mandalas der Welt, Goldmann Verlag.

Dalai Lama (2023). Von Herz zu Herz: Eine Geschichte von Hoffnung und Liebe zu unserer Erde. Berlin: Allegria Verlag.

Deci, Edward L.; Ryan, Richard M. (2008): Self-Determination Theory: A Macrotheory of Human Motivation, Development, and Health, S. 183. In: Canadian Psychology 49, 182–185.

Descartes, René (1996). Philosophische Schriften in einem Band (German Edition). Hamburg: F. Meiner Verlag.

Dispenza, Joe (2017). Ein neues Ich. Burgrain: KOHA.

Dörrie, Doris (2019). Leben, Schreiben, Atmen. Eine Einladung zum Schreiben. Zürich: Diogenes.

El Quassil, Samira; Karig, Friedemann (2022). Erzählende Affen. Mythen, Lügen, Utopien. Wie Geschichten unser Leben bestimmen. Berlin: Ullstein.

Estés, Clarissa Pinkola (1993). Die Wolfsfrau. Die Kraft der weiblichen Urinstinkte. München: Heyne.

Findeisen, Hans (1957): Die »Schamanenkrankheit« als Initiation – Abhandlungen des naturwissenschaftlichen Vereins Schwaben – 12: 103 – 139, Zoologisch-Botanische Datenbank/Zoological-Botanical Database.

Fisher, Janina (2019). Die Arbeit mit Selbstanteilen in der Traumatherapie. Paderborn: Junfermann.

Garmus, Bonnie (2022). Eine Frage der Chemie. München: Pieper Verlag.

Gehirn & Geist Dossier, Autismus verstehen (1/2021, S. 23) »«Ich bin nicht falsch, ich bin nur anders«.

Grass, Günter (2006). Beim Häuten der Zwiebel. Göttingen: Steidl.

Gray, Kyle (2020). Die Hüter des Lichts. Orakelkarten-Begleitbuch. Hamburg: Wrage.

Grün, Anselm; Jarosch, Linda (2010). Königin und wilde Frau: Lebe, was du bist!: München dtv.

Haid, Jonathan (2007). Die Glückshypothese. Was uns wirklich glücklich macht. Die Quintessenz aus altem Wissen und moderner Glücksforschung. Kirchzarten: VAK Verlag.

Hill, Nathan (2017). Roman Geister. München: Piper.

Hinrichs, Ulrike; Wandel, Andrea (2023). Die Weisheit der weiblichen Wunde. Unterstützung aus der Kreativapotheke. Norderstedt: BoD.

Hinrichs, Ulrike (2022). Krankheit als Bild. Mit Pinsel und Farbe die Botschaft deiner Krankheit entschlüsseln. Norderstedt: BoD.

Hinrichs, Ulrike (2019). Kunst als Sprache der Intuition. Der holografische Ansatz in der Kunsttherapie und kunstanalogen Transformationsprozessen. Schweiz: Synergia.

Hirsch, Mathias (2006). Das Haus. Symbol für Leben und Tod. Freiheit und Abhängigkeit. Gießen: Imago, Psychosozial Verlag.

Hüther, Gerald (2022). Lieblosigkeit macht krank. Was unsere Selbstheilungskräfte stärkt und wie wir endlich gesünder und glücklicher werden. Freiburg im Breisgau: Ullstein.

Hundley, Jessica (2020). The Liberay of Esoterica: Tarot. Köln: Taschen.

Ilgen, Florian (2019). Die Macht der Intuition. München: Komplett-Media.

Jaffé, Aniela (1987). Aus C.G. Jungs letzten Jahren. Einsiedeln Schweiz: Daimon Verlag.

Kahneman, Daniel (2011). Schnelles Denken, langsames Denken. München: Penguin Verlag.

Kempton, Sally (2013). Awaking Shakti. The Transformative Power of Godesses of Yoga. Boulder, Colorado (USA): Sounds True.

Kasser, Tim (2003). The High Price of Materialism. UK: Bradford books.

King, Stephen (2000). Das Leben und das Schreiben, Heyne.

Krall, Stephan (2017). Quantenphysik, Protyposis und Geist. Tattva Viveka, Zeitschrift für Wissenschaft, Philosophie und spirituelle Kultur. Ausgabe 70, 2017, S. 28 ff.

Lammert, Andrea (11/2022, S. 39 ff.). Pilgern. Eine Reise zu sich selbst, in: Natur & Heilen.

Leky, Maria (2022). Was man von hier aus sehen kann. Roman. Köln: DuMont.

Lieber, Angela (12/2022, S. 13 ff.). Das intelligente Herz, in: Natur & Heilen.

Lyubomirsky, Sonja (2018). Glücklichsein. Warum Sie es in der Hand haben, zufrieden zu leben. Frankfurt a.M.: Campus.

Marks, Stephan (2013). Scham – die tabuisierte Emotion. Ostfildern: Patmos.

Mast, Fred (2020). Black Mamba oder die Macht der Imagination. Freiburg im Breisgau: Herder.

Maté, Gabor (2023). Vom Mythos des Normalen. Wie unsere Gesellschaft uns krank macht und traumatisiert – Neue Wege zur Heilung. München: Kösel.

May, Katherine (2021). Wenn das Leben innehält. ÜBERWINTERN. Berlin: Insel Verlag.

Miller, Lisa (2022). Das erwachte Gehirn. Warum Spiritualität in uns angelegt ist. Der neurowissenschaftliche Beweis. München: Arkana.

Morris, Desmond (2000). Glücksbringer und ihre geheimnisvollen Kräfte. München: Heyne.

Narby, Jeremy (2019). Die kosmische Schlange. Auf den Pfaden der Schamanen zu den Ursprüngen modernen Wissens. Stuttgart: Klett-Cotta.

Neff, Kristin (2012): Selbstmitgefühl. Wie wir uns mit unseren Schwächen versöhnen und uns selbst der beste Freund sind. München: Kailash Verlag.

Nemez, H. Markolf (2020). Die Welt mit anderen Augen sehen. Ein Physiker ermutigt zu mehr Spiritualität. Gütersloh: Gütersloher Verlagshouse, Randomhouse.

Paintner, Christine Valters; Beckmann, Betty (2010). Awakening the Creative Spirit. Bringing the Arts to Spiritual Direction. New York, Harrisburg, Denver: Morehouse Publishing.

Pearson, Carol S. (2019). Die 12 seelischen Archetypen. München: Knaur.

Peterson, Christopher; Seligman, Martin (2004) Character strengths and virtues: A handbook and classification. New York: Oxford University Press/Washington, DC.

Poe, Edgar Allan (1922). Gesamtausgabe der Dichtungen und Erzählungen, Band 5: Phantastische Fahrten. Herausgegeben von Theodor Etzel, Berlin: Propyläen-Verlag.

Raabe, Melanie (2022). Die Kunst des Verschwindens. Roman. München: btb

Rankin, Lissa (2022). Heilige Medizin. Auf der Reise zu den Geheimnissen der Heilung. Bielefeld: Aurum.

Rechenberg-Winter, Petra (2015) Leid kreativ wandeln. Biografisches Schreiben in Krisenzeiten. Göttingen: V&R.

Reinke, Johannes (1922). Grundlagen einer Biodynamik. Abhandlungen zur theoretischen Biologie, Band 16. Berlin: Borntraeger.

Rowling, J.K. (2018,) Harry Potter und der und der Gefangene von Askaban, Band 3. Hamburg: Carlsen.

Ronneberg, Ami (2017). Archive for Research in Archetypal Symbolism ARAS. Das Buch der Symbole. Betrachtungen zu archetypischen Bildern. Köln: Taschen.

Rossmann, Nadja (2017). Wachstumsschmerzen. Leiden als kultureller Weckruf. Evolve, Magazin für Bewusstsein und Kultur. 16, 2017, S. 408 ff.

Schäfer, Lothar (2004). Versteckte Wirklichkeit. Wie uns die Quantenphysik zur Transzendenz führt. Stuttgart: Hirzel.

Schnell, Tatjana (2020). Psychologie des Lebenssinns. Berlin: Springer Verlag.

Schulz von Thun, Friedemann (2010). Das innere Team. Hamburg: Rowohlt Taschenbuchverlag.

Sheldrake, Rupert (2002). Das Gedächtnis der Natur: Das Geheimnis der Entstehung der Formen in der Natur. Bern, München, Wien: Scherz.

Sheldrake, Rupert (2010). Das schöpferische Universum. Die Theorie der morphogenetischen Felder und der morphischen Resonanz. München: Nymphenburger.

Strunk, Heinz (2023). Der gelbe Elefant. Hamburg: Rowohlt.

Tedeschi, Richard G.; Calhoun, Lawrence G. (1995). Trauma and transformation: Growing in the aftermath of suffering. United States: SAGE Publications.

Tolkien, John Ronald Reuel (1979). Der Herr der Ringe, Band 1 Die Gefährten, Stuttgart: Klett-Cotta.

Tolle, Eckhart (2023/2). Happinez. Das Mindstyle Magazine. »Eckhart Tolle zum 75. Geburtstag: Erwachen – die Energie deiner Präsenz, S. 18 ff.

Villoldo, Alberto (2001). Das geheime Wissen der Schamanen. Wie wir uns selbst und andere mit Energiemedizin heilen können. München: Goldmann.

Villoldo, Alberto; Baron-Reid, Colette; Lobos, Marcela (2021). Das schamanische Seelenorakel. Begleitbuch. München: Ansata.

Von Aderkas, Friederike (2021) . Wutkraft. Weinheim: Beltz.

Von Ludwiger, Illobrand (2010). Burkhard Heim – Das Leben eines vergessenen Genies. München: Scorpio.

Walker, Barbara G. (1988). Die geheimen Symbole der Frauen. Lexikon der weiblichen Spiritualität. München: Sphinx.

Winnicott, Donald, Erdmann, Michael. (2018). Vom Spiel zur Kreativität. Stuttgart: Klett-Cotta Verlag.

Wirtz, Ursula (2014). Stirb und Werde. Die Wandlungskraft traumatischer Erfahrungen. Ostfildern: Patmos.

Internet

Ärztezeitung (2004) »Lachen senkt den Blutdruck, entspannt und macht gute Laune«, https://www.aerztezeitung.de/Panorama/Lachen-senkt-den-Blutdruck-entspannt-und-macht-gute-Laune-321197.html (3.2.2023).

Bengel, Jürgen; Lyssenko, Lisa (2012) Bundeszentrale für gesundheitliche Aufklärung. Resilienz und psychologische Schutzfaktoren im Erwachsenenalter Stand der Forschung zu psychologischen Schutzfaktoren von Gesundheit im Erwachsenenalter, https://shop.bzga.de/pdf/60643000.pdf (3.2.2023).

Bundesministerium für Gesundheit zu Depression, https://www.bundesgesundheitsministerium.de/themen/praevention/gesundheitsgefahren/depression.html (5.7.2023).

Burgert, Jonas. Rosa Elefanten im Jenseits, https://podcasts.apple.com/de/podcast/rosa-elefanten-im-jenseits/id1526062537?i=1000493505179 (5.10.2022).

Deutsche Tolkiengesellschaft e.V., https://www.tolkiengesellschaft.de/22573/was-uns-die-hobbit-filme-sagen-wollen/ (5.7.2023).

Fisher, Milton (2007). Die Macht des Unbewussten. Spiegel online, https://www.spiegel.de/wissenschaft/mensch/intuition-die-macht-des-unbewussten-a-479900.html (16.09.2023).

Flow (Psychologie), https://www.biologie-seite.de/Biologie/Flow_(Psychologie)_) (11.2.2023).

Geo Wissen. Interview Selbstheilungskräfte, https://www.geo.de/wissen/gesundheit/21086-rtkl-selbstheilung-so-aktivieren-sie-den-inneren-arzt (16.5.2023).

Göbel, Sandra (2014) Kakaobestandteil hemmt Stresshormon: Schokolade hilft gegen Stress, https://www.apotheken.de/gesundheit/gesund-leben/ernaehrungsmedizin/9751-schokolade-hilft-gegen-stress (9.7.2023).

Hein, Hans (2000). Die Zukunft des Gehirns, http://www.forumsynergie.de/Artikel/Zukunft_Gehirn/zukunft_gehirn.html (13.4.2022).

Heller, Jutta – Die 7 Schlüssel der Resilienz, https://www.youtube.com/watch?v=kek7DTTf6ds (6.11.2022).

Hinrichs, Ulrike (2022). Wenn Political correctness zur Ideologie wird, https://www.tiefgang.net/wenn-political-correctness-zur-ideologie-wird/ (02.04.2022).

Knecht, Michaela (2022). Macht Geld glücklich?, https://www.psychologie.uzh.ch/de/bereiche/dev/lifespan/erleben/berichte/geld-und-glueck.html (16.02.2023).

Simon, Violetta (2020). Crona und Kommunikation. Mimik hinter Maske, https://www.sueddeutsche.de/leben/corona-masken-mimik-1.4922844 (22.7.2023).

Staatsoper Stuttgart, https://www.staatsoper-stuttgart.de/magazin/das-sind-die-besten-hexensprueche/ (16.6.2023).

Wyrsch, Patrice (2019). Die Neurodiversität von Psychopathie bis Höchstsensitivität, https://www.patricewyrsch.ch/neurodiversitaet-psychopathie-alexithymie-hoechstsensitivitaet-diversity-management/ (28.3.2023).

Young Susan, Das Gedächtnis ist nicht statisch, https://www.heise.de/hintergrund/Das-Gedaechtnis-ist-nicht-statisch-2038305.html (3.2.2023).

Die Autorin

Mein Motto: Unsere inneren Monster lieben

Mit meinem multiprofessionellen Hintergrund begleite ich Menschen in Krisen, Veränderungsprozessen und schwierigen Lebenssituationen. Ich bin intermediale Kunsttherapeutin (Master of Expressive Arts), Gesprächstherapeutin, Heilpraktikerin für Psychotherapie, Anwenderin Positive Psychologie, Systemischer Coach, NLP Master, Traumazentrierte Fachberaterin, Ausbilderin für Kreative Therapien und Kunsttherapie. Zudem habe ich zahlreiche Aus- und Weiterbildungen im psycho-sozialen Bereich. Ein Schwerpunkt meiner Arbeit liegt im Initiieren und Begleiten von künstlerisch-kulturellen Projekten. Ich vertraue klassischer Wissenschaft ebenso wie uralten Weisheitslehren, fernöstlicher Mystik und der Weisheit indigener Völker. Ich bin Autorin zahlreicher Sachbücher.

www.lösungskunst.com

Ulrike, gemalt von Alaa, einem Mädchen aus meinem Kinderatelier. Mit den großen giftgrünen Augen erinnert mich das Bild an meine innere Magierin, die auch in der Dunkelheit sehen kann.

Das Bild hat Samera für mich gemalt, ein Mädchen aus meiner Künstlergruppe für Geflüchtete. Es ist ein Porträt von mir. Ich fühle mich gut getroffen. Begeisterungsfähigkeit ist eine meiner absoluten Stärken.

Ulrike 1969

Wie ist es dir mit dem Buch ergangen?
Was nimmst du mit?

Schreibe mir gern eine Email an
ulrike.hinrichs@web.de